MIX
Papier aus verantwortungsvollen Quellen
Paper from responsible sources
FSC® C105338

Julia Rosche

Zwischen den Fronten

Die Rolle Estlands zwischen
dem Hitler-Stalin-Pakt und
dem Ende des Zweiten Weltkriegs
im internationalen Kontext

Diplomica® Verlag GmbH

**Rosche, Julia: Zwischen den Fronten: Die Rolle Estlands zwischen dem Hitler-Stalin-Pakt und dem Ende des Zweiten Weltkriegs im internationalen Kontext.
Hamburg, Diplomica Verlag GmbH 2012**

ISBN: 978-3-8428-8618-6
Druck: Diplomica® Verlag GmbH, Hamburg, 2012

Bibliografische Information der Deutschen Nationalbibliothek:
Die Deutsche Nationalbibliothek verzeichnet diese Publikation in der Deutschen Nationalbibliografie; detaillierte bibliografische Daten sind im Internet über http://dnb.d-nb.de abrufbar.

Die digitale Ausgabe (eBook-Ausgabe) dieses Titels trägt die ISBN 978-3-8428-3618-1 und kann über den Handel oder den Verlag bezogen werden.

Dieses Werk ist urheberrechtlich geschützt. Die dadurch begründeten Rechte, insbesondere die der Übersetzung, des Nachdrucks, des Vortrags, der Entnahme von Abbildungen und Tabellen, der Funksendung, der Mikroverfilmung oder der Vervielfältigung auf anderen Wegen und der Speicherung in Datenverarbeitungsanlagen, bleiben, auch bei nur auszugsweiser Verwertung, vorbehalten. Eine Vervielfältigung dieses Werkes oder von Teilen dieses Werkes ist auch im Einzelfall nur in den Grenzen der gesetzlichen Bestimmungen des Urheberrechtsgesetzes der Bundesrepublik Deutschland in der jeweils geltenden Fassung zulässig. Sie ist grundsätzlich vergütungspflichtig. Zuwiderhandlungen unterliegen den Strafbestimmungen des Urheberrechtes.

Die Wiedergabe von Gebrauchsnamen, Handelsnamen, Warenbezeichnungen usw. in diesem Werk berechtigt auch ohne besondere Kennzeichnung nicht zu der Annahme, dass solche Namen im Sinne der Warenzeichen- und Markenschutz-Gesetzgebung als frei zu betrachten wären und daher von jedermann benutzt werden dürften.

Die Informationen in diesem Werk wurden mit Sorgfalt erarbeitet. Dennoch können Fehler nicht vollständig ausgeschlossen werden, und der Diplomica Verlag, die Autoren oder Übersetzer übernehmen keine juristische Verantwortung oder irgendeine Haftung für evtl. verbliebene fehlerhafte Angaben und deren Folgen.

© Diplomica Verlag GmbH
http://www.diplomica-verlag.de, Hamburg 2012
Printed in Germany

Inhaltsverzeichnis

1. Einleitung 3

2. Die Vorgeschichte 8
2.1. Die Geschichte Estlands bis zur staatlichen Selbständigkeit 1920 8
2.2. Die Innenpolitik Estlands in der Zwischenkriegszeit 10
2.3. Die Außenpolitik Estlands in der Zwischenkriegszeit 14
2.3.1. Der Völkerbund 14
2.3.2. Der estnisch-lettische Beistandspakt 18
2.3.3. Die Baltische Entente 20
2.3.4. Der Ostpakt 25
2.3.5. Die Beziehungen zu den Nachbarstaaten Lettland, Finnland und Litauen 29
2.3.6. Das Verhältnis zu den Westmächten England und Frankreich 32
2.3.7. Estland zwischen der Sowjetunion und Deutschland 34
2.3.8. Neutralitätspolitik als estnische Strategie zur Bewahrung der Unabhängigkeit 39

3. Der Hitler-Stalin-Pakt und das geheime Zusatzprotokoll 41
3.1. Der Abschluss des Paktes sowie des Grenz- und Freundschaftsvertrags 41
3.2. Estnische Reaktionen und unmittelbare Folgen 46

4. Die Stützpunktperiode 49
4.1. Verhandlungen und Abschluss des sowjetisch-estnischen Beistandspakts 49
4.2. Verhandlungen bezüglich der militärischen Stützpunkte 54
4.3. Einmarsch der Roten Armee im Oktober 1939 und Probleme in Zusammenhang mit den Stützpunkten 57
4.4. Estlands außenpolitische Situation im finnisch-sowjetischen Winterkrieg 59
4.5. Die Außenpolitik Estlands während der Stützpunktperiode 63

5. Die Eingliederung Estlands in das Sowjetsystem 67
5.1. Das sowjetische Ultimatum 67
5.2. Die Bildung der estnischen Volksregierung 69
5.3. Die Juliwahlen und die formelle Besiegelung des Anschlusses 73

5.4.	Die Sowjetherrschaft bis zum Einmarsch der deutschen Truppen	78
6.	Estland unter nationalsozialistischer Herrschaft	82
6.1.	Deutsche Truppen in Estland	82
6.2.	Der „Generalbezirk Estland" – Die Verwaltung Estlands durch die Deutschen	85
6.3.	Kollaboration deutscher und estnischer Einheiten und deren Verbrechen	89
6.4.	Die Entwicklung des Verhältnisses der Bevölkerung gegenüber den Besatzern	93
7.	Der Zweite Weltkrieg erneut auf estnischem Boden	96
7.1.	Die Bedeutung Estlands für Hitler und Stalin	96
7.2.	Der Rückzug der Heeresgruppe Nord auf die Panther-Stellung (14. Januar bis 1. März 1944)	98
7.3.	Die Mobilmachung estnischer Männer zur Verteidigung der Grenze	99
7.4.	Kampfhandlungen um die Grenzstadt Narva	101
7.5.	Die Blauberge	103
7.6.	Die Regierung Tief und Uluots zwischen deutschem Rückzug und sowjetischem Einmarsch	107
8.	Abschlussbetrachtung	112
9.	Literaturverzeichnis	117
10.	Anmerkungen zum Anhang	125
11.	Anhang	126

1. Einleitung

„Unsere Verbindungen mit Europa [sind] der einzige Weg, der auch unsere kleine Kultur schützen und vermehren kann, [...] so dass wir unseren Kindern sagen können: diese Ängste, mit denen wir in Berührung kamen, werden sich nicht mehr wiederholen. Estland ist unvergänglich."[1]

Diese Worte des ersten Präsidenten der freien Republik Estland, Lennart Meri, vom Mai 1994 lassen an jene Zeit erinnern, in welcher es der Staat nicht schaffte, das kleine baltische Land zu schützen und sich an Europa zu binden. Die Unvergänglichkeit des Staates, der erst 1920 offiziell anerkannt wurde, wurde damals auf eine harte Probe gestellt.

Das Ende des Ersten Weltkriegs stellt für die Geschichte Estlands einen besonderen Wendepunkt dar: Nach der Februarrevolution hatte sich in Estland ein Nationalrat gegründet, welcher den Staat am 24. Februar 1918[2] erstmals als unabhängig proklamierte. Nach erfolgreichen Kämpfen gegen die einen Tag später eingefallene deutsche Landwehr erkannte die Sowjetunion im Frieden von Tartu am 2. Februar 1920 die estnische Unabhängigkeit auf alle Zeiten an. Für den jungen Kleinstaat galt es nun, sich in der Folgezeit innenpolitisch zu festigen, sich international zu etablieren und die staatliche Unabhängigkeit abzusichern. Die eigene Rolle auf der internationalen Bühne musste gefunden werden. Die Bedingungen, unter welchen dieser Prozess erfolgen sollte, waren jedoch äußerst kritisch. Europa bestand zu jenem Zeitpunkt aus zwei unterschiedlichen Lagern – zum einen aus totalitären und zum anderen aus demokratischen Staaten, deren Gegensätze im Laufe der 20 kommenden kriegsfreien Jahre immer stärker wurden. Das Schicksal des Landes würde sowohl vom geschickten Handeln der eigenen Führung als auch von den äußeren Umständen abhängen.

Bereits vor Wiedererlangung der Unabhängigkeit sind insbesondere in Westeuropa verschiedene Abhandlungen über diese Zeit erschienen, die sich in zwei grundlegende Richtungen teilen. Die meisten stellen Estland bzw. das Baltikum als Objekt dar, das auf Grund seiner geopolitischen Lage zum Spielball der Mächte wurde. Die eigenen

---

[1] Meri, Lennart: Side Euroopaga turvab meie kultuuri. Kõne Eesti Rahvusmuuseumi püsinäituse avamisel 15. Mail 1994. In: Meri, Lennart. Presidendikõned. Hg. v. E. Hiedel. Tartu 1996, S. 390-392, Seite 392. Im Folgenden zitiert als: Meri: Side.
[2] Bereits am 23. Februar war in Pärnu das estnische Unabhängigkeitsmanifest verlesen worden. Am 24. Februar wurde dann in Tallinn die Estnische Republik ausgerufen. Vgl. Järvelaid, Peeter: Eesti Vabariigi aastapäeval ajalugu uurides ja tulevikku piiludes. In: Pärnu Postimees, vom 23.2.2010. Im Folgenden zitiert als: Järvelaid: Eesti Vabariik.

Fehler der estnischen Führung werden hier häufig außer Acht gelassen. Doch war Estland wirklich nur ein handlungsunfähiges Objekt? Einige Historiker, hier sei allen voran der Finne Seppo Myllyniemi genannt, geben der politischen Führung eine Mitverantwortung am Verlust der Unabhängigkeit. Diese Forschungsrichtung sieht Estland nicht als Objekt, sondern als handelndes Subjekt, welches selbst Fehlentscheidungen traf, die zum Verlust des internationalen Interesses an Estland und damit zum Unabhängigkeitsverlust geführt haben.

Die estnische Literatur der Sowjetzeit vertritt häufig die offizielle Meinung der sowjetischen Propaganda und sieht meist nicht den Hitler-Stalin-Pakt, sondern das britisch-deutsche Flottenabkommen als Ursache für den Ausbruch des Weltkriegs. Kritische Meinungen bezüglich des Handelns des Sowjetsystems waren verpönt und wurden von den Besatzern als falsch deklariert. Bei Heino Arumäe ist beispielsweise eine solche Beobachtung zu machen. In seiner Darstellung „At the crossroads. The Foreign Policy of the Republic of Estonia" aus dem Jahr 1983 lässt er sowohl den Hitler-Stalin-Pakt als auch den sowjetisch-estnischen Beistandspakt von 1940 völlig unerwähnt.

Bereits sehr kurz nach dem Krieg wurden zahlreiche Memoiren von sich im Exil befindlichen Esten veröffentlicht. Vor allem die von Richard Maasing herausgegebenen Bände „Eesti riik ja rahvas teises maailmasõjas" (Der estnische Staat und das Volk im zweiten Weltkrieg) enthalten einige Memoiren der an den Geschehnissen beteiligten Politiker und Gesandten. Hierbei muss darauf hingewiesen werden, dass die Erinnerungen natürlich erst nach dem Krieg aufgeschrieben wurden. Nicht selten sind hier Aussagen zu finden, die bei einem anderem Ausgang der Geschichte ganz anders bewertet worden wären. So schreibt in den Memoiren kaum jemand, dass man sehr große Hoffnung in eine Rettung durch Hitler gesetzt hatte. Doch ist es eine Tatsache, dass Deutschland in der Zwischenkriegszeit und zu Beginn des Krieges in Estland als Retter und nicht als Aggressor angesehen wurde. Auch ist bei den Memoiren zu beachten, dass diese im Ausland häufig die Aufgabe hatten, auf das Schicksal des Landes aufmerksam zu machen. Daher ist es zudem möglich, dass das Regime der Zwischenkriegszeit hier weitaus positiver dargestellt wird als es in Wirklichkeit war.

Nach der Wiedererlangung der staatlichen Unabhängigkeit war es den westlichen Historikern erstmals möglich, das Archivmaterial in Estland zu sichten. Estnische Historiker konnten umgekehrt auch die westlichen Archive nutzen. Inzwischen gibt es zahlreiche Darstellungen aus den vergangenen zehn bis fünfzehn Jahren, welche sich auf die gesamte Geschichte Estlands, häufig in Form von Abhandlungen über das gesamte Baltikum, beziehen. Allen voran seien hier Brüggemann, Tuchtenhagen und Garleff zu nennen. Das Werk des Esten Magnus Ilmjärv „Hääletu alistumine" (Stille Kapitulation) beschreibt die politischen Abläufe der Zwischenkriegszeit bis zu den Juliwahlen 1940 sehr präzise. Ilmjärv nimmt einen objektiven Standpunkt ein und kritisiert an vielen Stellen auch das Handeln des Regimes der Zwischenkriegszeit. Doch gerade die Zeit nach der Annektion durch die Sowjetunion ist im Moment noch lückenhaft untersucht. Zahlreiche Werke widmen der Zeit der Sowjetherrschaft und der Zeit der deutschen Besatzung nur wenig bis gar keine Aufmerksamkeit. Alvin Isbergs Darstellung zur estnischen Kollaboration und der Situation unter den deutschen Besatzern aus dem Jahre 1992 ist eine der wenigen Veröffentlichungen zu diesem Thema. Karl-Heinz Gräfes Werk aus dem Jahre 2010 befasst sich ebenfalls mit der Thematik und ist ein erstes vergleichendes Werk des deutschen Okkupationsregimes und der Kollaboration im gesamten baltischen Raum. Die 2006 erschienene Darstellung von Bettina Ruth Birn ist die erste gründliche Auseinandersetzung mit der Arbeit der Sicherheitspolizei in Estland überhaupt. Die Aktenbestände der deutschen Botschaften der estnischen Nachbarstaaten, welche auch stets über das Politische Verhältnis zu Estland Bericht erstatteten, liegen im Auswärtigen Amt in Berlin vor. Sie geben Aufschluss über die Einschätzung der Situation aus Sicht der deutschen Diplomaten, sind jedoch bis heute noch nicht ausgewertet. Wenig Aufschluss gibt es auch über die Zahl der Opfer des Sowjetsystems, der deutschen Besatzungsmacht und des Krieges auf estnischem Territorium. Häufig trifft man hier in den verschiedenen Darstellungen auf unterschiedliche Angaben.[3]

Die vorliegende Untersuchung setzt sich zum Ziel, die Rolle Estlands im internationalen Kontext zu untersuchen. Inwieweit war Estland im internationalen System anerkannt und integriert? Auch die verschiedenen Versuche der Führung des Landes, die Unabhängigkeit abzusichern, zu bewahren und sie nach ihrem Verlust 1940 wiederzuerlangen, sollen thematisiert werden. Dabei sollen die falschen Einschätzungen, welche das Land in die Situation von 1940 brachten, untersucht werden. Um ein Fazit ziehen zu können, müssen die historischen Abläufe und die verschiedenen Etappen der estnischen Geschichte zwischen dem Hitler-Stalin-Pakt und

---

[3] Für die Darstellung des Forschungsstandes wurden die Angaben hierzu in den, im Literaturverzeichnis vermerken Monografien und Aufsätzen berücksichtigt.

dem Ende des Zweiten Weltkriegs dargestellt werden. Dies wird zur verständlichen Abfolge der Geschehnisse chronologisch erfolgen.

Dem Zeitraum zwischen dem Hitler-Stalin-Pakt und Kriegsende wird ein Kapitel zur Vorgeschichte vorgeschoben, das die Ausgangssituation sowohl innen- als auch außenpolitisch beleuchtet. Dies ist für das Verständnis der gesamten Untersuchung und der Situation, in der sich das Land im August 1939 befand, von hohem Interesse. Auf den Hitler-Stalin-Pakt, die Entstehung des Paktes und die unmittelbaren Reaktionen im Land sowie auf die Folgen für das Land wird in den darauffolgenden Kapiteln eingegangen.

Im Hitler-Stalin-Pakt teilten sich Deutschland und die Sowjetunion die Staaten zwischen ihren Territorien auf. So geriet Estland in die Interessensphäre der Sowjetunion. Anders als in Polen hatte es Stalin im Baltikum nicht eilig, versuchte die Staaten nach außen hin legal und ohne viel internationales Aufsehen in das Sowjetsystem einzugliedern und verlangte später die internationale Anerkennung seines Vorgehens. Wie es Stalin gelang, seine Truppen in jeden einzelnen der drei baltischen Staaten ohne Widerstand einmarschieren zu lassen und welche Folgen das für Estland hatte, soll im 4. Abschnitt dieses Buches geklärt werden. Die vergebliche Hoffnung der estnischen Führung, die Sowjetunion durch geschickte Vertragsklauseln dazu zu verpflichten, die Unabhängigkeit nicht anzutasten, wird ebenfalls besprochen. Hier und in anderen Teilen der Untersuchung wird die sowjetische Vorgehensweise bei Verhandlungen ersichtlich werden.

Dem folgt die Eingliederung Estlands in das Sowjetsystem und die daraus resultierende Veränderung des Landes unter sowjetischer Herrschaft: Estland verlor durch Zwangsdeportationen fast seine ganze politische Führung und einen beträchtlichen Teil der Bevölkerung. Daran schließt sich die Darstellung einer weiteren völligen Veränderung der Lage im Sommer 1941 an. Die Verwaltung des Landes durch das revisionistische Deutschland soll betrachtet werden. Ein besonderer Schwerpunkt ist hier die Veränderung des Verhältnisses der Bevölkerung zur Besatzungsmacht sowie eine Betrachtung der Kollaboration und der Verbrechen im Land. In den abschließenden Kapiteln sollen dann die Rückzugskämpfe der deutschen Wehrmacht auf estnischem Territorium, der erneute sowjetische Einmarsch sowie die letzten Versuche der Esten, eine erneute Unabhängigkeit zu erringen, thematisiert werden.

Die vorliegende Studie soll einen Überblick über die politischen Begebenheiten und die Situation in den Jahren vor und vor allem während des Krieges in Estland geben. Auf einige Einzelheiten kann auf Grund des begrenzten Rahmens der Untersuchung nur punktuell und teilweise sehr allgemein eingegangen werden. So böten sich beispielsweise das Schicksal und Handeln der Baltendeutschen, das Interesse einzelner deutscher Unternehmen an der baltischen Industrie oder das Schicksal der Kriegsgefangenen, KZ-Häftlinge und Soldaten aus und in Estland für eine tiefergreifende Untersuchung an. Auf diese wird hier jedoch verzichtet.

In formaler und sprachlicher Hinsicht wird sich in der Untersuchung an folgende Regeln gehalten:

- Bei Ortsnamen wird die heutige estnische Bezeichnung verwendet, außer wenn es sich um Eigennamen in Form von Dienststellenbezeichnungen o.ä. der damaligen Zeit handelt. Im Anhang werden ein deutsch-estnisches Ortsverzeichnis der wichtigsten Orte sowie eine Karte Estlands angefügt.
- Russische Namen werden transliteriert.
- Bei Eigennamen wird stets bei der ersten Erwähnung die deutsche und estnische Bezeichnung angegeben. Wenn es im Kontext sinnvoll und für das Verständnis erleichternd erscheint, wird die estnische Bezeichnung im weiteren Verlauf des Textes verwendet.
- Estnische Zitate werden in den meisten Fällen von der Autorin ins Deutsche übersetzt und im Fließtext in deutscher Sprache eingebaut; es sei denn, es liegen bereits übersetzte Quellen von sprachkundigen Fachpersonen vor. Auf das Originalzitat in der Fußnote wird verzichtet.
- Auf eine Übersetzung der estnischen Aufsätze und Darstellungen in den Fußnoten wird verzichtet.
- Englische, französische und lateinische Zitate und Begriffe werden wörtlich übernommen und in den Fließtext ohne Übersetzung eingebaut.
- Ein Abkürzungsverzeichnis wird ebenfalls dem Anhang beigefügt.
- Auf den Vermerk ebd. (ebenda) wird in den Fußnoten verzichtet. Stattdessen werden Kurztitel verwendet, die bei der ersten Nennung des Titels festgelegt werden.
- Bei der Angabe von Seitenzahlen wird auf f bzw. ff (folgend/e) verzichtet und stattdessen immer die genauen Seiten angegeben, auf die sich die Stelle bzw. das Zitat bezieht.

2. Die Vorgeschichte

Bevor die Rolle Estlands in der Zeit zwischen Hitler-Stalin-Pakt und dem Ende des Zweiten Weltkriegs ausführlich behandelt wird, soll nun in drei Etappen auf die Geschichte des kleinen Landes im Baltikum eingegangen werden. Im ersten Teil 2.1. wird ein kurzer Abriss der Geschichte Estlands bis zur staatlichen Selbstständigkeit 1920 erfolgen. In 2.2. wird dann ein Blick auf die Innenpolitik des Landes in der Zwischenkriegszeit geworfen. Ausführlicher soll in den restlichen Kapiteln 2.3.1. bis 2.3.8. die Außenpolitik des Staates dargestellt werden, um die Situation, in welcher sich Estland beim Abschluss des Hitler-Stalin-Paktes befand, vor Augen zu haben.

2.1. Die Geschichte Estlands bis zur staatlichen Selbständigkeit 1920

Die Esten gelten als sehr sesshaft und stellen eines der Völker dar, welches am längsten auf eigenem Boden lebt. Bereits um das Jahr 4000 vor Christus besiedelten sie den baltischen Raum.

Sprachlich unterscheiden sich die Esten stark von ihren baltischen Nachbarn. Während Lettisch und Litauisch zur indogermanischen Sprachfamilie gehören, handelt es sich beim Estnischen um eine finno-ugrische Sprache, welche dem Finnischen sehr ähnlich ist. Häufig definieren sich die Esten daher eher als nordeuropäisches denn als baltisches Volk.

In seiner Geschichte hatte das Land bereits seit dem Mittelalter unter ständigen Okkupationen zu leiden. Im Laufe des 13. Jahrhunderts wurde das heutige Estland von den deutschen Kreuzfahrern erobert und die Bevölkerung missioniert. Kurz darauf besetzten die Dänen den Norden des Landes, welches im Jahre 1346 an den Deutschen Orden verkauft wurde. Auf der Fläche des heutigen Estland und des nördlichen Lettland entstand der Ordensstaat Livland.[4]

Die livländischen Städte, allen voran die Hauptstadt Tallinn (damals Reval), wurden im Mittelalter stark durch ihre Zugehörigkeit zur Hanse geprägt und das Land erfuhr durch

---

[4] Vgl. Schmidt, Thomas: Die Außenpolitik der baltischen Staaten. Im Spannungsfeld zwischen Ost und West. Wiesbaden 2003, Seite 29-30. Im Folgenden zitiert als: Schmidt: Außenpolitik.

sie großen Reichtum. Die wichtigsten Handelsbeziehungen hatte Livland nach Novgorod und Pskov.[5]

Der livländische Ordensstaat ging im Jahre 1561 unter und es folgten bis ins 18. Jahrhundert hinein fast ununterbrochen blutige Kriege zwischen Polen-Litauen, Schweden und Russland. Durch den Besitz Livlands erhofften sich diese Staaten die Vorherrschaft an der Ostsee und ungehinderten Handel. 1561 unterwarf sich das heutige Gebiet Estlands der schwedischen Krone.[6] Der schwedische König sorgte für verbesserte Bildungsmöglichkeiten für die Bevölkerung und schränkte die Oberherrschaft der deutschen Adeligen über die Bauern ein. Daher wird die schwedische Besetzung bis heute positiv gesehen.[7]

Im Großen Nordischen Krieg (1700-1721) beendeten Russland, Dänemark, Polen-Litauen und Sachsen, welche sich gegen Schweden zusammengeschlossen hatten, dessen Vorherrschaft in Estland. 1721 fiel Estland im "Frieden von Nystad" an Russland.[8]

Erst nach der Februarrevolution 1917 in Russland bildete sich ein estnischer Nationalrat, der am 23. Februar in Pärnu das erste Mal öffentlich das estnische Unabhängigkeitsmanifest verlaß und am 24. Februar 1918, einen Tag vor dem Einmarsch des deutschen Kaiserreiches, in Tallinn die Estnische Republik ausrief. In den Jahren 1918 bis 1920 kämpften die Esten im Freiheitskrieg (Vabadussõda) gegen Sowjetrussland und die Baltische Landwehr, welche unter deutschem Befehl stand, um ihre Unabhängigkeit. Am 2. Februar 1920 erkannte die Sowjetunion schließlich im Frieden von Tartu die Unabhängigkeit Estlands „auf alle Zeiten" an.[9]

---

[5] Vgl. Garleff, Michael Die baltischen Länder. Estland, Lettland, Litauen vom Mittelalter bis zur Gegenwart (= Ost- und Südosteuropa Geschichte der Länder und Völker). Regensburg 2001, Seite 36. Im Folgenden zitiert als: Garleff: Baltische Länder.
[6] Vgl. Garleff: Baltische Länder, Seite 39.
[7] Vgl. Schmidt: Außenpolitik, Seite 31.
[8] Vgl. Garleff: Baltische Länder, Seite 45-46.
[9] Vgl. Tuchtenhagen, Ralph: Geschichte der baltischen Länder (= Beck'sche Reihe C.-H.-Beck Wissen, 2355). München 2005, Seite 81. Im Folgenden zitiert als: Tuchtenhagen: Baltische Länder.; Vgl. Järvelaid: Eesti Vabariik.

2.2. Die Innenpolitik Estlands in der Zwischenkriegszeit

Estland erlangte 1918 erstmals seine staatliche Unabhängigkeit. Im Folgenden soll die Innenpolitik beleuchtet werden, mit welcher das Land versuchte, diese Unabhängigkeit zu bewahren.

Bereits vor der Unabhängigkeitserklärung von 1918 entstand in Estland eine Mehrparteienlandschaft. 1917 war es bereits zur Gründung eines Landtages (Maapäev) gekommen. Nach der endgültigen Befreiung des Landes von feindlichen Truppen fanden im April 1919 die ersten allgemeinen Wahlen zur konstituierenden Versammlung Estlands statt. Am 4. Juni wurde dann eine provisorische Regierungsordnung erlassen, welche zugleich eine Vorverfassung darstellte. Die erste definitive Verfassung trat dann am 21. Dezember 1920 in Kraft.[10]

Das Parlament (Riigikogu) bildete nach der Verfassung von 1920 die legislative Gewalt im Staat. Die Stellung des Parlaments war dabei überbetont stark. Es wurde für 3 Jahre gewählt und hatte ständige Kontrolle über die Regierung. Eine Auflösung konnte nur durch eine Volksabstimmung erfolgen. Das Staatsoberhaupt war der Staatsälteste (Riigivanem). Er und die Regierung bildeten die Exekutive des Staates. Der Staatsälteste hatte 1920 keine außerordentlichen Vollmachten inne. Sowohl er als auch die Regierung verfügten über kein Vetorecht gegen Parlamentsbeschlüsse.[11] Die einzigen Aufgaben des Staatsoberhauptes waren die „Leitung und Vereinheitlichung der Regierungsgeschäfte und [die] Repräsentierung des Landes nach aussen."[12] Die Judikative hatte in Estland eine völlig unabhängige und selbstständige Stellung.

Die wahrscheinlich wichtigste innenpolitische Maßnahme der Zwischenkriegszeit war die Agrarreform, welche bereits am 10. Oktober 1919 in Kraft trat. Der gesamte Großgrundbesitz wurde enteignet und das Land neu verteilt. Der „Landhunger der Bevölkerung, der für viele eine Motivation zur Teilnahme am Freiheitskrieg gewesen war, [wurde damit gestillt]."[13] Negativ von dieser Maßnahme betroffen waren vor allem die Baltendeutschen, in deren Hand ein Großteil des Landes bis zur Agrarreform war.

---

[10] Vgl. Gilly, Seraina: Der Nationalstaat im Wandel. Estland im 20. Jahrhundert. Bern 2002, Seite 119-121. Im Folgenden zitiert als: Gilly: Nationalstaat.
[11] Vgl. Uibopuu, Henn-Jüri: Die Entwicklung des Freistaates Estland. In: Die Baltischen Nationen. Estland -Lettland - Litauen. Hg. v. B. Meissner. Köln ²1991, S. 52–61, Seite 54. Im Folgenden zitiert als: Uibopuu: Entwicklung des Freistaates.
[12] Gilly: Nationalstaat, Seite 124.
[13] Uibopuu: Entwicklung des Freistaates, Seite 54.

Die Agrarreform schwächte zwar die Stellung der Baltendeutschen, welche bis dahin die politische Führungsschicht dargestellt hatte.[14] Dennoch ist die Tatsache, dass ihre Durchführung zur Befriedung der eigenen Bevölkerung geführt hat, als immens wichtig für die junge Republik anzusehen. Die Reform immunisierte gewissermaßen die Bevölkerung gegen kommunistische Propaganda.[15]

Der kommunistische Einfluss war dennoch gerade zu Beginn der Unabhängigkeit auf Grund der hohen Arbeitslosigkeit, des Preisanstiegs und der allgemeinen sozialen Unsicherheit stark. Am 1. Dezember 1924 kam es in Tallinn zu einem kommunistischen Putschversuch, welcher binnen weniger Stunden niedergeschlagen werden konnte, ein Ereignis, welches dennoch die junge Republik stark erschütterte und die offiziellen Beziehungen zur Sowjetunion verschlechterte.[16] In Folge des Putsches wurden die estnischen Kommunisten verboten, eine Allparteienregierung gebildet und ein die Armee verstärkender „Schutzbund" (Kaitseliit) gegründet.

Die Verfassung von 1920 wies einige Schwächen auf. Zum einen wurde die Koalitionsbildung durch die Vielzahl von Parteien im Parlament erschwert,[17] sodass ein estnisches Kabinett zwischen 1919 und 1933 durchschnittlich nur 8 Monate und 20 Tage Bestand hatte.[18] Von 1919 bis 1938 gab es insgesamt 22 Regierungen, in welchen sich ständig die gleichen Politiker, Konstantin Päts, Jaan Tõnisson und Jaan Teemant, als Regierungschefs abwechselten.[19]

Verschiedene Vorschläge zu einer Verfassungsreform wurden in Volksabstimmungen abgelehnt. Erst als der seit 1929 immer populärer gewordene Verband der Freiheitskämpfer (VABS: Vabadussõjalaste Liit) 1933 einen neuen Entwurf vorlegte, wurde dieser sowohl vom Parlament als auch vom Volk angenommen. Nach der

---

[14] Aus diesem Grunde ist die Unzufriedenheit vieler Baltendeutscher mit der neuen Regierung zu verstehen. Zahlreiche Baltendeutschen arbeiteten in der Folgezeit mit den Nationalsozialisten zusammen (hier seinen Werner Hasselblatt und Wilhelm Wrangell genannt) und träumten von einer Umkehrung der Geschichte und einem Anschluss Estlands an Deutschland in Form eines Herzogtums, welches dann, wie zur Deutschordenszeit von der deutschen Kulturverwaltung geleitet würde.
[15] Vgl. Uibopuu: Entwicklung des Freistaates, Seite 55.
[16] Denn einige der am Putschversuch Beteiligten waren direkt aus der Sowjetunion importiert worden. Außerdem war die Rote Armee schon einsatzbereit an der estnischen Grenze stationiert und wartete nur auf einen „Hilferuf" der Genossen in Tallinn, um nach Estland einmarschieren zu können. Vgl. Brüggemann, Karsten: Von der Sezession zur Okkupation: Die Entwicklung der Estnischen Republik und ihre Beziehungen zur Sowjetunion 1920-1940. In: Estland - Partner im Ostseeraum, Bd. 2 (= Travemünder Protokolle, 2). Hg. v. J. Hackmann. Lübeck 1998, S. 57–73, Seite 60-61. Im Folgenden zitiert als: Brüggemann: Okkupation.
[17] So waren beispielsweise im Jahr 1923 14 Parteien im Parlament vertreten. Vgl. Rauch, Georg von: Geschichte der Baltischen Staaten. Stuttgart et al. 1970, Seite 126. Im Folgenden zitiert als: Rauch: Geschichte.
[18] Vgl. Rauch: Geschichte, Seite 126.
[19] Vgl. Gilly: Nationalstaat, Seite 128.

Verfassungsreform sollte der Staatspräsident direkt vom Volk gewählt werden und die Staatsgewalt sich in dessen Händen konzentrieren. Der Präsident verfügte nun über das Recht, das Parlament zu entlassen, die Regierung ein- oder abzusetzen, den Ausnahmezustand zu erklären und Dekrete mit Gesetzeskraft zu erlassen. Die Verfassung von 1920 wurde somit in ihr Gegenteil verwandelt. Anstelle des extremen Parlamentarismus war eine fast absolute Präsidialdemokratie entstanden.[20]

Am 21. Oktober 1933 trat die Regierung Tõnissons zurück. Im Auftrag, das Land zur neuen Staatsform zu leiten, bildete Konstantin Päts ein neues Kabinett. Die Verfassungsänderung, welche am 24. Januar 1933 in Kraft getreten war, sah eine Neuwahl des Staatspräsidenten und des Parlaments innerhalb von 100 Tagen vor. Der Wahlkampf verlief für den VABS außerordentlich gut. Dennoch drohte der Freiheitskämpferbund, welcher auf Grund seines paramilitärischen Auftretens und seiner straff zentralisierten Organisation häufig in den Kontext des europäischen Faschismus der Zwischenkriegszeit gestellt wird[21], im Zuge des Wahlkampfes die Macht auch mit Gewalt an sich zu reißen, wenn der legale Weg nicht zum Erfolg führe.[22] Um einer Machtergreifung des rechtsradikalen VABS zuvorzukommen und wohl auch aus Angst vor einer legalen Niederlage, erklärte Konstantin Päts am 12. März 1934 den Ausnahmezustand, verbot den VABS und erklärte General Laidoner zum Oberbefehlshaber. Die Verfassungsänderung gab ihm die Legitimation für sein Handeln. Die Staatsversammlung billigte sein Vorgehen nachträglich. Das Ende der estnischen Demokratie war damit erreicht. Im Herbst des Jahres löste Päts das Parlament auf, ließ die Parteien verbieten und gründete 1935 die Vaterländische Union (Isamaaliit) als politische Einheitsorganisation.[23]

Das Regime Päts regierte das Land in den Folgejahren durch Dekrete. Dennoch gestaltete sich die staatsrechtliche Situation des Landes kompliziert. Päts erkannte diese Situation und erklärte bereits im Januar 1935, dass die Verfassung von 1933 nicht durchführbar sei. Er schlug eine weitere umfassende Verfassungsänderung vor. Das Machtverhältnis der Legislative und Exekutive sollten ausgeglichener werden.[24]

Im Juli 1937 ratifizierte eine, zu diesem Zweck gewählte Nationalversammlung eine neue Verfassung, welche am 1. Januar 1938 in Kraft trat. Bei der Wahl der Nationalversammlung waren ebenso wie bei der Wahl zum neuen Zwei-Kammer-

---

[20] Vgl. Uibopuu: Entwicklung des Freistaates, Seite 55-56.
[21] Vgl. Brüggemann: Okkupation, Seite 63.
[22] Vgl. Gilly: Nationalstaat, Seite 134.
[23] Vgl. Brüggemann: Okkupation, Seite 63-64.
[24] Vgl. Uibopuu: Entwicklung des Freistaates, Seite 57.

Parlament Parteien verboten. Die Oppositionspolitiker konnten sich somit nur als Individuen bewerben. An einer Wiederwahl des Präsidenten Päts' kam keinerlei Zweifel auf, da das Oberhaus des Parlaments sowohl von Päts selbst als auch von der Armee und den berufsständischen Organen berufen wurde. Er gewann die Wiederwahl mit über 60%. Eine Wahl durch das Volk, wie sie bei einem knapperen Wahlausgang vorgesehen war, war somit gar nicht mehr nötig.[25]

Die Verfassung von 1938 enthielt im Vergleich zu der aus dem Jahre 1920 folgende Änderungen: Der Staatspräsident war ermächtigt, die Regierung einzusetzen und zu entlassen. Seine Entschlüsse bedurften nun aber einer Gegenzeichnung. Das Dekretrecht wurde eingeschränkt. Es konnte nur noch zwischen den Tagungen der Staatsversammlung angewandt werden. Wichtige Gesetze durften auf diesem Weg gar nicht erlassen werden. Bei Überschreitung der Machtbefugnis konnte der Präsident wegen Vergehen gegen die Staatsgewalt angeklagt werden. In der Verfassung war zudem ein Zweikammersystem verankert, nach dem das Parlament nun aus dem Staatsrat (Riiginõukogu) und der Versammlung der Abgeordneten (Riigivolikogu) bestand.[26]

Wie von Päts gefordert, war damit die Macht gleichmäßiger auf das Parlament und den Präsidenten verteilt. Mit der Verfassung von 1938 schaffte Estland als einziger Staat, der in der Zwischenkriegszeit zu einem autoritären Staat geworden war, den Schritt zurück in Richtung Demokratie. Das Parteienverbot und die Einschränkung der Versammlungs- und Pressefreiheit wurden allerdings bis zur Annektion 1940 nicht mehr aufgehoben. Dennoch beruhigte sich die zuvor sehr zugespitzte innenpolitische Lage im Jahr 1938, so dass Präsident Päts für eine Vielzahl politischer Gefangener Amnestie erließ.[27]

In der Zwischenkriegszeit war die innenpolitische Situation der neu gegründeten Republik zeitweise sehr angespannt. Der kommunistische Putschversuch von 1924 hätte leicht zum Verlust der Unabhängigkeit führen können. Auch das Erstarken des VABS brachte die innenpolitische Situation Anfang der 30er Jahre wiederum ins Wanken. Positiv bleibt dennoch festzuhalten, dass das Regime Päts mit der Verfassung von 1938 versuchte, das eigene staatsrechtlich kritisch zu betrachtende Vorgehen von 1934 zu revidieren. In Teilen ist ihm das gelungen. „Dass dieser beschrittene Weg", so Henn-

---

[25] Vgl. Brüggemann: Okkupation, Seite 64.
[26] Vgl. Gilly: Nationalstaat, Seite 136.
[27] Vgl. Uibopuu: Entwicklung des Freistaates, Seite 58-59.

Jüri Uibopuu, „nicht zu Ende gegangen werden konnte, lag mehr an den außenpolitischen Verhältnissen als am fehlenden guten Willen der Staatsmänner."[28]

2.3. Die Außenpolitik Estlands in der Zwischenkriegszeit

Der Friedensvertrag vom 2. Februar 1920 definierte die rechtliche Grundlage für Estlands Unabhängigkeit. Durch zahlreiche bilaterale Verträge in den Folgejahren sollte die internationale Anerkennung erfolgen.[29] Im Folgenden wird die Außenpolitik Estlands anhand verschiedener Verträge und Abkommen der Zwischenkriegszeit, sowie deren Entstehungsumstände und Problematiken in Bezug auf Estland und die anderen baltischen Staaten chronologisch dargestellt. Zusätzlich sollen die Beziehungen und Verhältnisse sowohl zu den Nachbarstaaten als auch zu den europäischen Großmächten besprochen werden. Dabei soll untersucht werden, inwieweit Estland vor dem Hitler-Stalin-Pakt in das internationale System integriert war.

Aufgrund der regionalen Verbundenheit sowie der Tatsache, dass Lettland und Litauen auch erst im Zuge des 1. Weltkrieges ihre Unabhängigkeit erreichten und sich somit ihre Politik auf Estland mit auswirkte, wird im Folgenden oft von den baltischen Staaten die Rede sein.

2.3.1. Der Völkerbund

Der erste Schritt in das internationale System war die Aufnahme in den Völkerbund am 22. September 1921. Diese Mitgliedschaft war für Estland aus verschiedenen Gründen sehr attraktiv. Der wichtigste Aspekt war aber die Sicherung des eigenen Territoriums, die durch Artikel 10[30] garantiert wurde.[31]

In den folgenden Jahren legten sowohl Estland als auch die beiden anderen baltischen Staaten ihre Hoffnung in die Ratifizierung des Genfer Protokolls, ein Friedenskonzept,

---

[28] Uibopuu: Entwicklung, Seite 59.
[29] Vgl. Tuchtenhagen: Baltische Länder, Seite 82.
[30] Artikel 10 des Völkerbundes ist im Anhang wiedergegeben.
[31] Vgl. Made, Vahur: In Search of Abstract Security: Estonia and the League of Nations. In: Estonian foreign policy at the cross-roads (= Kikimora publications Series B, 26). Hg. v. E. Medijainen; et al. Helsinki 2002, S. 25–42, Seite 26. Im Folgenden zitiert als: Made: Abstract Security.

welches im Rahmen des Völkerbundes entstanden war. Es sollte allen Mitgliedsstaaten volle Sicherheit gegen einen ungerechtfertigten kriegerischen Angriff garantieren und wäre gerade den neu entstandenen Kleinstaaten zugute gekommen. Das konservative britische Kabinett Baldwin, welches im Oktober 1924 wieder zur Macht gelangt war, unterzeichnete das Protokoll jedoch nicht, da sowohl Großbritannien als auch andere Großmächte wenig Motivation verspürten, eine kollektive Sicherheitsgarantie an Staaten zu vergeben, die nicht in ihrer Interessensphäre lagen. Der erfolgreiche Abschluss des Genfer Protokolls war somit gescheitert.[32]

Die internationale Situation zu Beginn der 30er Jahre verstärkte in Estland zudem die Zweifel an der eigenen Sicherheit im Völkerbund. Während der Bund in den 20er Jahren einige Auseinandersetzungen zwischen den Mitgliedsstaaten schlichten konnte,[33] griff er 1931 beim japanischen Überfall auf China nicht ein. Drei Jahre später verhängte er nach dem Angriff Italiens auf Äthiopien gegen den Aggressor die in Artikel 16[34] geforderten Sanktionen. Da die Großmächte Deutschland und die USA dem Völkerbund zu dem Zeitpunkt nicht angehörten, waren sie auch nicht verpflichtet, sich an die Sanktionen zu halten und belieferten Italien weiter mit Öl und Kohle. Aus diesem Grund blieb der Erfolg des Völkerbundes in diesem Fall aus und das überfallene Äthiopien war seinem Schicksal überlassen. Da die USA zu keinem Zeitpunkt dem Völkerbund angehörten, war der Druck der Sanktionen von Anfang an verringert und der Völkerbund blieb, wie im vorangegangenen Beispiel gezeigt, gegenüber Großmächten häufig erfolglos.[35] Für die Existenz eines Kleinstaates wie Estland, der auf die Absicherung durch den Völkerbund angewiesen war, waren dieser Umstand und die Erfahrungen in China und Äthiopien sehr bedrohlich.

Als dann auch die Genfer Abrüstungskonferenz 1933-34 gescheitert war und sowohl Deutschland als auch Japan aus dem Völkerbund ausgetreten waren, wurde man sich in Estland immer klarer darüber, dass man sich im Falle eines feindlichen Übergriffs nicht auf den Völkerbund als Garant für die eigene Sicherheit verlassen könne.[36]

---

[32] Vgl. Rönnefarth, Helmut (Hg): Konferenzen und Verträge. Ein Handbuch geschichtlich bedeutsamer Zusammenkünfte und Vereinbarungen. Freiburg ²1979, Seite 92. Im Folgenden zitiert als: Rönnefarth: Konferenzen und Verträge.
[33] 1921 zwischen Schweden und Finnland und 1925 zwischen Griechenland und Bulgarien.
[34] Artikel 16 des Völkerbundes ist im Anhang wiedergegeben.
[35] Vgl. Ilmjärv, Magnus: Hääletu alistumine. Eesti, Läti ja Leedu välispoliitilise orientatsiooni kujunemine ja iseseisvuse kaotus. 1920. aastate keskpaigast anneksiooonini. Tallinn ⁴2010. Seite 420. Im Folgenden zitiert als: Ilmjärv: Hääletu alistumine.
[36] Vgl. Laur, Mati; et al.: Eesti ajalugu. Tallinn 1995, Seite 79. Im Folgenden zitiert als: Laur: Eesti ajalugu.

Insbesondere nach Eintritt der Sowjetunion in den Völkerbund im Jahre 1934 wurde der Artikel 16 des Völkerbundes für Estland zusätzlich zum Problem und war sehr umstritten. Im letzten Abschnitt fordert der Artikel nämlich als Sanktion gegen einen angreifenden Staat von den Mitgliedern, dass diese alles Erforderliche veranlassen, „um den Streitkräften eines jeden Bundesmitglieds, das an einem gemeinsamen Vorgehen zur Wahrung der Bundesverpflichtungen teilnimmt, den Durchzug durch das eigene Gebiet zu ermöglichen."[37] Man befürchtete in Estland, die Sowjetunion könne, falls Deutschland zum Aggressor würde, estnische Häfen, Flugplätze oder das im Artikel vereinbarte Durchzugsrecht durch Estland nutzen. Nach einem Sieg gegen den „Aggressor" Deutschland befürchtete man jedoch, dass die sowjetischen Streitkräfte das Land dann nicht mehr verlassen würden.[38] An eine kriegerische Operation von britischer oder französischer Seite in der Ostsee glaubte man nicht.[39] Die Vorfälle in China und Äthiopien 1931 und 1934 sowie das Scheitern des Genfer Protokolls stützten diese Ansicht.

Nicht nur in Estland sorgte der Artikel 16 für Unbehagen. Bereits 1920 hatten Schweden, Dänemark und Norwegen eine Beschränkung für jenen Artikel vorgeschlagen. Man verlangte vom Völkerbund, dass einem Land, welches mit einem Aggressor wirtschaftliche Beziehungen pflegt, erlaubt wird, diese beibehalten zu dürfen. Begründet war diese Forderung mit der Angst vor möglichen Folgen für das jeweilige Land. Man befürchtete, die Einhaltung der vom Völkerbund vorgeschriebenen Sanktionen - zu welchen auch der Abbruch sämtlicher wirtschaftlicher Kontakte gehörte - könne von einem Aggressor als Provokation gedeutet werden. Ein Angriff gegen das eigene Land könnte dann eine der Folgen sein.[40] Auch für Estland, dessen wichtigster Handelspartner ab 1937 Deutschland war[41], wäre ein vom Völkerbund vorgeschriebener Abbruch aller Beziehungen zu Deutschland fatal gewesen.

Als dann die Sanktionen des Völkerbundes im italienisch-äthiopischen Krieg völlig versagten,[42] deklarierten die skandinavischen Länder sowie die Niederlande, die Schweiz und Spanien im Juli 1936, dass sie sich Handlungsfreiräume in der Verwendung des Artikel 16 vorbehalten würden.

---

[37] Vgl. Artikel 16 des Völkerbundes.
[38] Vgl. Ilmjärv, Magnus: Nõukogude Liidu ja Saksamaa vahel. Balti riigid ja Soome 1934 – 1940 (= Teaduste Akadeemia Kirjastus, 3). Tallinn 1993, Seite 44. Im Folgenden zitiert als: Ilmjärv: NL ja Saksamaa vahel.
[39] Vgl. Ilmjärv: Häaletu alistumine, Seite 422.
[40] Vgl. Ilmjärv: Häaletu alistumine, Seite 420-421.
[41] Vgl. Tuchtenhagen: Baltische Länder, Seite 85.
[42] Deutschland und die USA belieferten Italien weiter mit Kohle und Öl.

Da Deutschland bereits den Krieg gegen die Westmächte sowie die Sowjetunion plante, war es besonders am Zerfall bzw. einer weiteren Schwächung des Völkerbundes interessiert.[43] Diese würde in dem Fall erfolgen, wenn sich weitere Länder entweder dem Vorbild der skandinavischen Länder anschlössen, aus dem Bund ganz austräten oder ihre Neutralität deklarierten. Am 6. Juli 1938 erging somit ein Rundbrief des Auswärtigen Amtes mit folgender Nachricht an die diplomatischen Vertreter in Europa:

> "If opportunity arises, please point out discreetly to the Government there that in our opinion the only chance for the smaller countries to keep out of future conflicts is by returning to the comprehensive concept of prewar neutrality and following it faithfully. In the last analysis this requires an unequivocal repudiation— not merely a relaxation—of the obligations under article 16 of the League of Nations Covenant, since even its merely formal continuation might enable the interested powers to apply inadmissible diplomatic pressure if they deemed it necessary."[44]

Einige skandinavische Staaten hatten bereits am 27. Mai 1938 in Kopenhagen eine Deklaration über ihre Neutralität bezüglich des Artikels 16 unterschrieben. Estland und Lettland gaben bei der Konferenz des Völkerbundes am 19. September 1938 bekannt, dass sich die Regierungen vorbehielten, in jeden Einzelfall selbst zu entscheiden, wie und ob sie den 16. Artikel einsetzen. Litauen, Polen und Rumänien machten drei Tage später eine entsprechende Erklärung und erfüllten somit die deutschen Pläne. Denn diese Bekanntgaben entmachteten den Völkerbund nun endgültig.[45]

Im Oktober 1938 erarbeiteten die drei baltischen Staaten nach skandinavischem Vorbild ein „Neutralitätsgesetz", welches am 3. November vom estnischen Parlament angenommen wurde. Die estnische Strategie zur Bewahrung der eigenen Unabhängigkeit war ab dem Zeitpunkt die Neutralität. Die Vor- und Nachteile dieses Schrittes werden in Kapitel 2.3.8. genauer dargestellt.

---

[43] Vgl. Ilmjärv: NL ja Saksamaa vahel, Seite 44.
[44] Bismarck 6.7.1938 in: Department of State: Documents on German Foreign Policy Ser. D Vol. V. Poland, The Balkans, Latin America, The Smaller Powers 1937-1939. Washington, 1953, Seite 578. Im Folgenden zitiert als: DGFP Ser. D Vol. V.
[45] Vgl. Ilmjärv: NL ja Saksamaa vahel, Seite 46.

2.3.2. Der estnisch-lettische Beistandspakt

Eine weitere außenpolitische Absicherung zur Bewahrung der eigenen Unabhängigkeit sollte der 1923 geschlossene estnisch-lettische Beistandspakt darstellen. Zwar hatte man in den ersten Jahren der Unabhängigkeit auf ein größeres Paktsystem hingearbeitet, doch blieb die estnisch-lettische Allianz in den 20er Jahren das einzige regional zustande gekommene Bündnis. Die Entstehungsproblematik größerer Zusammenschlüsse soll im folgenden Kapitel 2.3.3. geklärt und dargestellt werden. Hier soll nun die Bedeutung des estnisch-lettischen Beistandspaktes aufgezeigt werden.

Schon während der Unabhängigkeitskriege zwischen 1918 und 1920 traf sich die politische und militärische Führung der baltischen Staaten, um die gegenseitige Unterstützung im Kampf um die Unabhängigkeit zu besprechen.[46] Eine sporadische, kriegerische Zusammenarbeit der Staaten fand bereits während des Krieges statt.[47] Nach dem Erreichen der Unabhängigkeit gründeten Estland und Lettland 1921 eine provisorische Militärallianz, die am 1. November 1923 zu einem estnisch-lettischen Beistandspakt ausgeweitet wurde. Aufgrund der außenpolitischen Konflikte mit Polen und Deutschland, aus welchen sich Estland und Lettland heraushalten wollten, wurde Litauen in diesem Bündnis nicht berücksichtigt.[48]

Der vorerst auf 10 Jahre abgeschlossene Beistandspakt bestand aus insgesamt sechs einzelnen Verträgen. Der wichtigste dieser Verträge war ein Verteidigungsbündnis, welches eine gemeinsame Verteidigung gegen alle Angreifer vorsah. Des Weiteren enthielt das Bündnis einen Vertrag über die Beilegung der Grenzstreitigkeiten, eine Regelung der finanziellen Verpflichtungen der Kriegszeit, einen provisorischen Handelsvertrag mit einer Zollunion, eine Konvention über die Hafensteuer und ein Abkommen über die Vereinheitlichung des Rechtswesens.[49] Ein Abkommen über eine gemeinsame Außenpolitik der beiden Staaten gab es im Pakt von 1923 noch nicht. Uneinigkeit über die politische Einstellung zu den Nachbarn könnte der Grund dafür gewesen sein. In den Augen Lettlands war Estland zu pro-polnisch eingestellt. Die

---

[46] Vgl. Crowe, David: The Baltic States and the Great Powers. Foreign Relations, 1938 - 1940. Boulder 1993, Seite 7. Im Folgenden zitiert als: Crowe: The Baltic States.
[47] Vgl. Anderson, Edgar: The Baltic Entente: Phantom or Reality? In: The Baltic States in peace and war, 1917 - 1945. Hg. v. S. Vardys. University Park 1978, S. 126–135, Seite 131. Im Folgenden zitiert als: Anderson: The Baltic Entente.
[48] Vgl. Schmidt: Außenpolitik, Seite 44.
[49] Vgl. Nies, Susanne: Lettland in der internationalen Politik (= Bonner Beiträge zur Politikwissenschaft, 6). Münster 1995, Seite 132. Im Folgenden zitiert als: Nies: Lettland.

Esten hingegen kritisierten die anti-polnische und pro-deutsche bzw. pro-sowjetische Einstellung der Letten.[50]

Das Bündnis sollte als Grundlage für eine spätere regionale Erweiterung dienen. Doch dieses Vorhaben scheiterte nicht zuletzt „an dezenten sowjetischen Hinweisen, dass Moskau jede militärische Einigung mit Polen als feindlichen Akt ansehen werde."[51] Estland und Lettland blieben somit die einzigen Mitglieder der Allianz.

Trotz zeitweiliger Meinungsverschiedenheiten erwies sich diese Zweierallianz als stabil und wurde am 17. Februar 1934 auf weitere 10 Jahre verlängert. In diesem erneuten Abkommen war nun auch eine engere außenpolitische Kooperation vorgesehen.[52]

Die bereits 1920 von der baltischen Militärführung als extrem wichtig empfundene militärische Zusammenarbeit wurde von der politischen Führung allerdings außer Acht gelassen. Erst 1930 gab es erneute Überlegungen über eine verstärkte Militärkooperation. 1931 fand das einzige gemeinsame Manöver der estnischen und lettischen Flotten und Armeen in der Zwischenkriegszeit statt.[53] Trotz der Annahmen, dass die baltischen Staaten die Möglichkeiten gehabt hätten, eine beträchtliche baltische Armee aufzubauen,[54] gab es diesbezüglich keinerlei weitere Bestrebungen der beiden Staaten.

Beim estnisch-lettischen Beistandspakt handelte es sich somit zwar um einen Vertrag, der formell beiden Partnern Sicherheit und Rückhalt garantierte und einen engeren Kontakt der Staaten festlegte, doch war er zu schwach und die Zusammenarbeit der Staaten zu gering, um die Territorien nachhaltig vor den Angriffen der benachbarten Großmächte zu schützen. Die Drohungen der Sowjetunion verhinderten zusätzlich die angestrebte Erweiterung des Bündnisses. Erst durch den rasanten weltpolitischen Wandel Anfang der 30er Jahre wird ein bereits nach dem ersten Weltkrieg angestrebtes größeres Bündnis möglich.

---

[50] Vgl. Schmidt: Außenpolitik, Seite 45.
[51] Brüggemann: Okkupation, Seite 66.
[52] Vgl. Schmidt: Außenpolitik, Seite 45.
[53] Vgl. Anderson: The Baltic Entente, Seite 131.
[54] Vgl. Medijainen, Eero: Before and during the Year 1939. In: Estonian foreign policy at the cross-roads (= Kikimora publications Series B, 26). Hg. v. E. Medijainen; et al. Helsinki 2002, S. 93–112, Seite 96. Im Folgenden zitiert als: Medijainen: Before and during the Year 1939.

2.3.3. Die Baltische Entente

Es sind sowohl geographische, als auch historische Aspekte, welche eine enge Zusammenarbeit Estlands, Lettlands und Litauens erwarten lassen. Bereits in Kapitel 2.3.2. wurde darauf hingewiesen, dass schon in den ersten Jahren der Unabhängigkeit auf ein großes Paktsystem des Baltikums mit seinen Nachbarn hingearbeitet wurde. Die Entstehungsproblematik größerer Zusammenschlüsse sowie die Schwierigkeiten einer estnischen und lettischen Zusammenarbeit mit Litauen in der Zwischenkriegszeit sollen nun hier ausführlich geklärt und dargestellt werden.

Die Idee, ein gemeinsames Bündnis einzugehen, entstand bereits im Zuge der Erlangung der Unabhängigkeit. Auch von einem baltisch–skandinavischen Bündnis war bereits 1917 in Tallinn die Rede. Man wusste, dass die Großmächte unterschiedliche Interessen in den Ostseegebieten hatten und wollte, dass sich die Länder Estland, Lettland, Litauen, Finnland und Skandinavien verbünden, um so gemeinsam auf der Friedenskonferenz nach dem Krieg mitzuentscheiden. Ein solches Bündnis erschien aber irreal. Realer schien dagegen eine Verständigung zwischen Finnland, Polen und den baltischen Staaten. Grund für die Annäherung der Staaten war die Angst vor der benachbarten Sowjetunion. In den Jahren 1920 – 1925 fanden zahlreiche Konferenzen dieser Länder zur Gründung eines großen baltischen Bundes statt. Am 17. März 1922 unterschrieben dann die Außenminister Estlands, Lettlands, Finnlands und Polens in Warschau einen Vertrag. Die Beteiligten verpflichteten sich darin nicht, wie etwa von Polen erhofft, zur militärischen, sondern nur zur politischen Zusammenarbeit. Den geschlossenen Vertrag sahen die Sozialdemokratische und die Schwedische Volkspartei Finnlands nicht nur als gegen die Sowjetunion, sondern auch gegen das seit jeher befreundete Deutschland gerichtet. Eine Tatsache, die man in Finnland nicht guthieß. Zusätzlich hätte ein solches Bündnis die Finnen verpflichtet, Polen bei einem deutschen oder litauischen Angriff zu unterstützen. Aus diesem Grund wurde der Vertrag von Finnland nicht ratifiziert und der finnische Außenminister entlassen.[55]

Diese Pläne eines großen baltischen Bündnisses scheiterten somit zum einen am Fortbleiben der Finnen und zum anderen am seit Oktober 1920 bestehenden polnisch-

---

[55] Vgl. Ilmjärv, Magnus: Eesti välispolitika 1930. aastatel. In: Sõja ja rahu vahel. Eesti julgeolekupoliitika 1940. aastani. Hg. v. T. Enn; et al. Tallinn 2004, S. 51–90, Seite 52. Im Folgenden zitiert als: Ilmjärv: Eesti välispoliitika.

litauischen Konflikt bezüglich Vilnius.⁵⁶ Zusätzliche Manipulationen von deutscher, sowjetischer und auch polnischer Seite trieben außerdem einen Keil zwischen die drei baltischen Staaten,⁵⁷ sodass der in Kapitel 2.3.2. bereits behandelte estnisch–lettische Beistandspakt von 1923 den einzigen zustande gekommenen Vertrag der 20er Jahre darstellt.

Im Gegensatz zur Sowjetunion und Deutschland war Frankreich seit 1920 sehr interessiert an einem starken baltischen Bündnis. Ein „*cordon sanitaire*" gegen den Bolschewismus sollte erschaffen und ein Zusammenstoß zwischen Deutschland und der Sowjetunion verhindert werden.⁵⁸ Frankreich sah den nördlichen Nachbarn der baltischen Staaten, Finnland, als pro-deutsch an und verstärkte deshalb seine Zusammenarbeit mit dem südlichen Nachbarn Polen, indem es 1921 mit ihm eine Allianz schloss. Hauptinteresse Frankreichs war es in den 20er Jahren, die baltischen Staaten zu vereinigen und sie in Richtung Polen zu lenken.⁵⁹ Polen sollte, nach französischer Vorstellung, als Gegengewicht zu Deutschland agieren und die Politik des baltischen Blocks lenken. Warum Frankreich Polen diese Führungsrolle bei der Bildung eines anti-bolschewistischen Blocks zusprach, selbst aber zu keinem Bündnis mit den Staaten bereit war, ist dabei unklar.⁶⁰ Doch auch diese Bestrebungen Frankreichs blieben auf Grund der bereits erwähnten Vilnius – Problematik vorerst erfolglos.⁶¹

Ein weiterer Grund für die lange Zeit ergebnisloser Verhandlungen waren die unterschiedlichen Freund- und Feindbilder der drei Staaten. So pflegte Estland besonders gute Kontakte zu Polen⁶² und Deutschland und sah in der Sowjetunion den größten Feind. Litauen hingegen näherte sich immer wieder der Sowjetunion an und fühlte sich dagegen von Deutschland bedroht. Das litauisch–polnische Verhältnis war zusätzlich verhärtet. Für Lettland ging von beiden Großmächten die gleiche Gefahr aus.⁶³

---

⁵⁶ Im Vertrag von Suwalki wurde am 7. Oktober 1920 Vilnius dem Litauischen Staatsgebiet zugeordnet. Am 9. Oktober 1920, einen Tag vor Inkrafttreten des Abkommens überfielen polnische Truppen die Stadt und nahmen sie ein. Litauen brach die Beziehungen zu Polen daraufhin ab.
⁵⁷ Vgl. Anderson: The Baltic Entente, Seite 128.
⁵⁸ Vgl. Champonnois, Suzanne: The Baltic States as an Aspect of Franco-Soviet Relations 1919 - 1934. A Policy or Several Policies? In: Contact or isolation? Soviet Western relations in the interwar period; symposium; October 12 - 14, 1989, University of Stockholm (= Acta Universitatis Stockholmiensis, Studia Baltica Stockholmiensia, 8). Hg. v. J. Hiden. Stockholm 1991, S. 405–413, Seite 405. Im Folgenden zitiert als: Champonnois: Franco-Soviet Relations.
⁵⁹ Vgl. Champonnois: Franco-Soviet Relations, Seite 406.
⁶⁰ Vgl. Champonnois: Franco-Soviet Relations, Seite 405-406.
⁶¹ Vgl. Champonnois: Franco-Soviet Relations, Seite 410.
⁶² Vgl. Ilmjärv: Hääletu alistumine, Seite 231.
⁶³ Vgl. Medijainen: Before and during the Year 1939, Seite 96.; Vgl. auch: Ilmjärv: Eesti välispoliitika, Seite 55.

Im Jahre 1934 änderte sich die internationale Situation auf Grund der Machtergreifung Hitlers im Vorjahr, des polnisch-deutschen Beistandspaktes und dem Ende der Rapollo-Politik zwischen Deutschland und der Sowjetunion sehr rasant. Sowohl Deutschland als auch die Sowjetunion veränderten ihre Einstellung zu einem baltischen Bündnis. Nach jahrelangen, erfolgreichen Versuchen, einer baltischen Einigung entgegenzuwirken, versuchten nun beide die jeweiligen Sympathien der einzelnen baltischen Länder zu ihrem Zweck auszunutzen. In Berlin hoffte man, eine weitere außenpolitische Orientierung Estlands in Richtung Deutschland zu nutzen, um auch die lettische und litauische Außenpolitik zu kontrollieren und zu beeinflussen.[64] Maxim Litvinov, Volkskommissar für auswärtige Angelegenheiten äußerte ebenfalls die Überlegung, durch eine enge Zusammenarbeit und Unterstützung Litauens auf die Nachbarstaaten Estland und Lettland einzuwirken.[65]

Am 25. April 1934 übergab der litauische Außenminister den estnischen und lettischen Gesandten ein Memorandum, das eine baltische Annäherung beabsichtigte. Erstmals unternahm somit Litauen einen Schritt in Richtung baltisches Bündnis. Litauen sah sich im Zuge der Veränderungen im polnisch-deutschen und deutsch-sowjetischen Verhältnis isoliert. Im Memorandum erklärte Litauen ebenfalls, dass Litauen von Estland und Lettland im Falle einer polnisch-litauischen oder deutsch-litauischen Auseinandersetzung bezüglich des Vilnius- und Klaipeda-Konflikts[66] keine Unterstützung erwarte.[67]

Vom 7.-9. Juli 1934 fand nach verschiedenen Vorbesprechungen in Kaunas die erste litauisch-lettisch-estnische Konferenz statt. Litauen strebte nach einem Kooperationsvertrag auf Basis des zuvor übergebenen Memorandums.[68] Die schwierigste Frage betraf die „besonderen Probleme", d.h. die Vilnius- und Klaipeda-Problematik. Der litauische Außenminister Lozoraitis forderte von Estland und Lettland zwar keine Unterstützung, jedoch deren Solidarität in diesen Fragen. Ein Anspruch, der sich schlecht auf das außenpolitisch gute Verhältnis der Länder zu Polen und Deutschland ausgewirkt hätte und somit nicht gebilligt werden konnte. Erst knapp zwei Monate

---

[64] Vgl. Ilmjärv: Hääletu alistumine, Seite 229.
[65] Vgl. Ilmjärv: Hääletu alistumine, Seite 224.
[66] 1923 wurde das Memelland von Litauen besetzt. Die das Memelland zu dem Zeitpunkt verwaltende französische Garnison leistete keinen Widerstand und zog unverrichteter Dinge ab. Im Jahr darauf erfolgte die Annexion des, in „Klaipeda-Bezirk" umbenannten Memellandes. Von den Siegermächten wurde Memel als Teil Litauens anerkannt. Das deutsch-litauischen Verhältnis blieb auf Grund dieser Vorkommnisse sehr angespannt.
[67] Vgl. Ilmjärv: Eesti välispoliitika, Seite 52-55.
[68] Vgl. Ilmjärv: Eesti välispoliitika, Seite 55.

später, am 29. August, wurde zwischen den drei Staaten in Riga ein Freundschafts- und Kooperationsvertrag paraphiert, welcher am 12. September 1934 in Genf unterzeichnet wurde.[69]

In Artikel 1 wurde beschlossen, sich bezüglich außenpolitischer Fragen zu verständigen, sowie sich gegenseitig in der internationalen Politik und Diplomatie zu unterstützen. Magnus Ilmjärv bewertet den Vertrag ungeachtet dessen als „totgeborenes Kind",[70] denn in Artikel 3 wurde bezüglich der Vilnius- und Klaipeda-Problematik eine Ausnahmeregelung getroffen. Estland und Lettland versicherten ihre Neutralität und es wurde beschlossen, dass in der Vilnius-Problematik keine Verständigung verpflichtend ist. Artikel 7 schrieb fest, dass es sich um ein für andere Staaten offenes Bündnis handelt, der Beitritt weiterer Staaten allerdings nur bei Zustimmung aller drei Vertragsparteien stattfinden kann.[71] Eine Erweiterung des Bundes durch Polen, Deutschland oder Finnland, wie es im estnischen und auch lettischen Interesse gewesen wäre, war somit praktisch ausgeschlossen.[72] Litauen nämlich war wegen seiner Konflikte gegen die Aufnahme Polens oder Deutschlands als zusätzliche Bündnispartner. Finnland distanzierte sich auf Grund seiner engen Bindung zu Deutschland von einem eventuellen Beitritt in die Entente. Man befürchtete, eine Teilnahme in einem Bündnis mit Litauen könnte zu einer Verschlechterung des deutsch-finnischen Verhältnisses führen. Somit fand auch bei diesem Bündnis keine Erweiterung durch andere Staaten statt.

Die elf Außenministerkonferenzen, welche in den Jahren 1934-39 stattfanden, erzielten ebenfalls nur wenig konkrete Ziele. Auch die wirtschaftliche Zusammenarbeit der drei Staaten misslang. Auf Grund der ähnlichen Wirtschaftsstruktur kam es zur Konkurrenz der Staaten auf dem internationalen Markt.[73] Der Handel untereinander nahm sogar ab.[74]

Eero Medijainen wertet die entstandene Baltische Entente als Reaktion auf die Krise und die veränderte internationale Situation.[75] Estland selbst war schließlich erst zu einem Bündnis mit Litauen bereit, als die internationalen politischen Veränderungen Litauen soweit isoliert hatten, dass die Gefahr einer litauisch- sowjetischen Allianz und

---

[69] Vgl. Ilmjärv: Eesti välispoliitika, Seite 55.
[70] Ilmjärv: Eesti välispoliitika, Seite 55.
[71] Vgl. Ilmjärv: Eesti välispoliitika, Seite 55.
[72] Vgl. Ilmjärv: Hääletu alistumine, Seite 236-237.
[73] Vgl. Schmidt: Außenpolitik, Seite 45.
[74] Vgl. Crowe, David: The foreign relations of Estonia, Latvia, and Lithuania, 1938-1939. Michigan 1975. Im Folgenden zitiert als: Crowe: Foreign relations.
[75] Vgl. Medijainen: Before and during the Year 1939.

somit die Isolation Estlands und Lettlands bestand.[76] Der Pakt gab zudem keinem der Staaten die Sicherheit, die sie sich erhofft hatten. Im Gegenteil, der Pakt wirkte sich sogar negativ auf das Verhältnis zu anderen Staaten aus. Finnland nutzte die Existenz der Baltischen Entente als Vorwand, sich vom Baltikum in Richtung Schweden zu orientieren. Auch in den Staaten selbst – vor allem in Politiker- und Militärkreisen Estlands – wurde der Vertrag stark kritisiert.[77] Der 1934 gegründeten Entente war es im übrigen bis zum Hitler-Stalin-Pakt 1939 nicht möglich, sich über die Frage einig zu werden, welches Land der größte Feind sei, was einer gemeinsamen und klaren außenpolitischen Linie entgegenstand.[78]

Der Freundschafts- und Kooperationsvertrag der drei Staaten war zudem ein rein diplomatischer und politischer Vertrag. Militärische Zusammenarbeit wurde darin nicht vereinbart. Selbst im Falle eines feindlichen Angriffes war im Vertrag nur eine politische und diplomatische Zusammenarbeit vorgesehen. „They had never made an agreement about unified command, unified weapons systems, common armaments industry, or even common command language"[79] Die Waffen und Munition der einzelnen Staaten waren zusätzlich aus unterschiedlichen Ländern. Lettland besaß englische Waffen und Munition, Estland sowjetische und deutsche, Litauen hingegen deutsche und französische. Gegenseitige Versorgung mit Munition und Ersatzteilen wäre nicht möglich gewesen.[80] Dennoch schlug Litauen in den Jahren 1934, 1936 und 1939 ein Militärbündnis mit seinen Nachbarstaaten vor, welches aber von Estland abgelehnt wurde, solange die Vilnius- und Klaipeda-Problematik nicht geklärt sei. Wiederum stand hier die Angst vor der Verwicklung in eine kriegerische Auseinandersetzung mit Deutschland und Polen im Vordergrund.[81] Eine Aufnahme Litauens in den estnisch-lettischen Beistandspakt fand auch nicht statt.[82]

Die baltischen Staaten bildeten 1934 auf den ersten Blick ein gemeinsames Gefüge. Bei genauerer Betrachtung wird aber deutlich, dass dieser Zusammenschluss nur unter Druck der internationalen außenpolitischen Veränderungen zustande kam. Das Bündnis gab den Staaten weder zusätzliche Absicherung gegen feindliche Angriffe noch andere mögliche Vorzüge. Sowohl Deutschland als auch die Sowjetunion maßen dem Bündnis

---

[76] Vgl. Ilmjärv: Hääletu alistumine, Seite 239-240.
[77] Vgl. Medijainen: Before and during the Year 1939.
[78] Vgl. Schmidt: Außenpolitik, Seite 45.
[79] Anderson: The Baltic Entente, Seite 130.
[80] Vgl. Anderson: The Baltic Entente, Seite 130.
[81] Vgl. Anderson: The Baltic Entente, Seite 130.
[82] Vgl. Schmidt: Außenpolitik, Seite 45.

keinerlei Bedeutung bei. Die Tatsache, dass keiner der baltischen Präsidenten zwischen 1934 und 1940 einem der Bündnispartner einen Besuch abstattete, zeigt zusätzlich, wie wenig den baltischen Staaten selbst die Zusammenarbeit bedeutete.[83]
Dabei hätten gerade die Worte Sallusts *"Concordia res parvae, discordia magnae concidunt"*, welche bereits vor dem Zweiten Weltkrieg an der Fassade des Außenministeriums in Riga zu lesen waren und in ganz besonderem Maße auf die baltischen Staaten zutrafen, in der politisch schweren Zwischenkriegszeit eine Warnung sein können.[84]

2.3.4. Der Ostpakt

In den Völkerbund fand Estland nach eigener Initiative Aufnahme. Bei den beiden anderen besprochenen Verträgen war Estland bei der Entstehung aktiv beteiligt. Im Folgenden soll der von der Sowjetunion und Frankreich initiierte Plan eines Ostpakts besprochen und seine Problematik in Bezug auf die estnische Außenpolitik aufgezeigt werden.

Der im Jahre 1925 von den Westmächten ratifizierte Vertrag von Locarno hinterließ in Bezug auf die osteuropäischen Staaten eine Lücke. In der Folgezeit bemühten sich daher sowohl Frankreich als auch die Sowjetunion immer wieder, diese zu schließen. Ein erster Schritt war hierbei das sogenannte „Litvinov-Protokoll" vom 9. Februar 1929, in dem sich sowohl die Sowjetunion als auch Polen und die baltischen Staaten dem Briand-Kellog-Pakt anschlossen. Im Frühjahr 1932 schloss die Sowjetunion zusätzlich Nichtangriffspakte mit Estland und Lettland[85] und verbündete sich im gleichen Jahr mit dem, einige Jahre zuvor noch stark anti-sowjetisch eingestellten Frankreich.[86]

Besonders intensiv wurden die Bestrebungen nach einem stabilen Paktsystem in Osteuropa nach dem Abschluss des deutsch-polnischen Nichtangriffspakts am 26. Januar 1934. Ende Juni 1934 einigten sich die Außenminister Frankreichs und der Sowjetunion, Barthou und Litvinov, auf einen Vertragsentwurf. Als Paktteilnehmer sah man Polen, die Tschechoslowakei, Deutschland, die baltischen Staaten, Finnland und

---
[83] Vgl. Schmidt: Außenpolitik, Seite 45.
[84] Vgl. Anderson: The Baltic Entente, Seite 126.
[85] Vgl. Brüggemann: Okkupation, Seite 66.
[86] Vgl. Arumäe, Heino: At the crossroads. The Foreign Policy of the Republic of Estonia (= Perioodika). Tallinn 1983, Seite 46. Im Folgenden zitiert als: Arumäe: Crossroads.

die Sowjetunion vor. Die Staaten sollten die Unverletzlichkeit der Grenzen garantieren und sich verpflichten, im Falle eines Angriffs einem anderen Unterzeichnerstaat Beistand zu gewähren. Der zuvor erwähnte sowjetisch-französische Nichtangriffspakt sollte das Verbindungsstück zwischen dem Ostpakt und dem Vertrag von Locarno darstellen.[87]

Aus verschiedenen Gründen wurde dieses Vertragssystem von einigen Staaten kritisiert und abgelehnt. Finnland erklärte sofort, an einer Teilnahme im Pakt nur dann interessiert zu sein, wenn Frankreich den Pakt selbst auch unterschreibe.[88] Estland und Lettland waren von Beginn an skeptisch. Sie erklärten zwar ihr grundsätzliches Einverständnis für einen solchen Vertrag, verlangten aber, Polen und Deutschland im Vertrag ebenfalls aufzunehmen.[89] Litauen dagegen war als einziger baltischer Staat dem Pakt gegenüber positiv eingestellt.[90]

Deutschland war zu dem Zeitpunkt nicht an einem kollektiven Sicherheitssystem in Europa interessiert. In der offiziellen Erklärung vom 8. September 1934 erklärte es, dass es nicht bereit sei, einem internationalen Sicherheitssystem beizutreten, solange es nicht das Recht habe, wieder aufzurüsten. Desweiteren war man mit einer Stationierung fremder Truppen zur Abwehr gegen Aggressoren auf dem eigenen Territorium nicht einverstanden. Außerdem sei man mit der derzeitigen Situation in Osteuropa zufrieden.[91] Auch Polen äußerte seine Ablehnung gegenüber dem Pakt. Ein Durchmarschrecht im Falle eines Angriffs wollte man den sowjetischen Truppen auf keinen Fall geben.

England billigte am 13. Juli 1934 die Pläne für einen Ostpakt und entschied sich somit für das geringere Übel. Man war nicht begeistert, die Sowjetunion in einem Bündnis zu sehen, welches ihre Sicherheit und das internationale Ansehen steigerte. Dazu kam, dass man sich über die Festigung des französischen Verhältnisses im Osten Europas bewusst war und diese Tatsache als traditioneller Rivale Frankreichs nur sehr ungern billigte. Doch ahnte man in England, dass ein Scheitern der Pläne zu einem französisch-sowjetischen Militärbündnis geführt hätte. Dieses galt es auf jeden Fall zu verhindern.

---

[87] Vgl. Myllyniemi, Seppo: Die baltische Krise, 1938 – 1941 (= Schriftenreihe der Vierteljahrshefte für Zeitgeschichte, 38). Stuttgart 1979, Seite 17. Im Folgenden zitiert als: Myllyniemi: Baltische Krise.
[88] Vgl. Arumäe: Crossroads, Seite 53.
[89] Vgl. Myllyniemi: Baltische Krise, Seite 17.
[90] Vgl. Ilmjärv: Hääletu alistumine, Seite 245.
[91] Vgl. Arumäe: Crossroad, Seite 62.

Desweiteren war es auf Grund der internationalen Ereignisse nicht möglich, sich öffentlich gegen die friedliche Idee eines Ostpakts zu äußern.[92]

England setzte bei seiner Einwilligung, den Ostpakt zu unterstützen, jedoch voraus, dass Deutschland zu den gleichen Bedingungen wie Frankreich und die Sowjetunion in den Pakt aufgenommen und somit ein dritter Vertragspartner wird. Diese Forderung sollte die Entstehung eines Blockes gegen einen einzigen Staat vermeiden.[93] Des Weiteren forderte England von Frankreich, Deutschlands Remilitarisierung zuzustimmen. Ein Zugeständnis, mit welchem Frankreich auf keinen Fall einverstanden war.[94] England erklärte sich im Gegenzug dazu bereit, Deutschland, Polen und Italien den Beitritt in den Pakt nahezulegen.[95]

Diese Einstellung Englands hatte auch Auswirkungen auf Estlands und Lettlands außenpolitische Richtung. Vom 24. bis 27. Juli besuchte der polnische Oberst Beck Tallinn und Riga. Nach seiner Rückkehr bemerkte er, dass „the whole Riga and Tallinn shared the Polish view. [And] they were particulary afraid of putting themselves under Russia´s protection."[96] Dennoch unterschrieben die Außenminister beider Staaten kurz darauf in Moskau eine Erklärung, in welcher sie ihr Einverständnis zum Beitritt in den Ostpakt erklärten.[97] Dieser Widerspruch ist nur zu verstehen, wenn man das Einverständnis als aus der Not heraus erzwungen betrachtet. Denn zum einen war es für beide Staaten auf Grund der internationalen politischen Lage ungünstig, sich öffentlich gegen ein derartiges Sicherheitssystem auszusprechen. Zum anderen verfolgte gerade Estland zu dieser Zeit noch eine sehr anglophile Politik und hoffte auf eine engere estnisch-britische Kooperation. Durch das Einverständnis in Moskau schloss man sich der vorausgegangenen englischen Außenpolitik an.[98] Nur unter diesen Gesichtspunkten kann das widersprüchliche Verhalten in Estland erklärt werden.

Trotz der formellen Zusagen der drei baltischen Staaten[99] wurde das Zustandekommen des Ostpaktes durch die deutsche und polnische Haltung immer unwahrscheinlicher. Am 6. April 1935 fragte die Sowjetregierung offiziell bei den baltischen Staaten an, ob diese dem Ostpakt auch ohne deutsche und polnische Beteiligung beitreten würden. Für die Staaten ergaben sich nun zwei Alternativen: sich entweder der deutsch-polnischen

---

[92] Vgl. Arumäe: Crossroad, Seite 67-68.
[93] Vgl. Ilmjärv: Hääletu alistumine, Seite 246.
[94] Vgl. Arumäe: Crossroads, Seite 68.
[95] Vgl. Ilmjärv: Hääletu alistumine, Seite 246.
[96] Crowe: The Baltic States, Seite 23.
[97] Vgl. Crowe: The Baltic States, Seite 23.
[98] Vgl. Arumäe: Crossroads, Seite 66-67.
[99] Litauen stand dem Paktsystem von Beginn an wohlwollend gegenüber.

oder der sowjetisch-französischen Richtung anzuschließen. Die baltische Außenpolitik steckte somit wieder in der Zwickmühle. Gerade in Tallinn wollte man sich nicht klar gegen Deutschland stellen und die damit verbundene sowjetische Vorherrschaft akzeptieren. Im Rahmen der baltischen Außenministerkonferenz am 6. Mai 1935 kam man deshalb zu dem Entschluss, nur den Maßnahmen zuzusagen, die der Sicherheit in Europa dienten. Für die Staaten bedeutete das weder den Anschluss an die eine noch an die andere Seite.[100]

Im Mai 1935 schlossen sich zwar Frankreich und die Sowjetunion zu einem Beistandspakt zusammen, ein Militärvertrag der beiden Staaten wurde allerdings nicht verwirklicht. Ein Beistandspakt mit der Tschechoslowakei kam noch zustande. Das Ostpaktsystem wie von der Sowjetunion ursprünglich angestrebt, war allerdings gescheitert.[101]

Ein Nichtangriffspakt mit der Sowjetunion, ein schwacher Beistandspakt mit Lettland, eine rückhaltlose Baltische Entente und eine ebenso unsichere Mitgliedschaft im geschwächten Völkerbund waren die einzigen außenpolitischen Verträge, die Estland in der Zwischenkriegszeit vorzuweisen hatte. Grund dafür war vor allem die Uneinigkeit der direkten Nachbarn über eine gemeinsame Außenpolitik. Eine militärische Zusammenarbeit, ein gemeinsamer starker Verbündeter oder starker gegenseitiger Rückhalt hätten zu einem nachhaltigeren Schutz der Staaten führen können. Auch die Lage der baltischen Staaten beeinflusste das Schicksal der Länder. Zum einen bildeten sie die Pufferzone zwischen den späteren aggressiven Großmächten Deutschland und Sowjetunion und waren deshalb für beide Staaten von großem Interesse. Rückhalt und territorialen Schutz konnten sie aber von keinem der beiden erwarten. Die anderen Großmächte dagegen verspürten wenig Interesse an den Staaten und waren ebenfalls nicht bereit, diese Territorien zu garantieren. Somit trug sowohl die regionale als auch die internationale außenpolitische Situation in den 20er und 30er Jahren dazu bei, dass Estland Ende der 30er Jahre faktisch schutzlos auf sich alleine gestellt war.

---

[100] Myllyniemi: Baltische Krise, Seite 18.
[101] Vgl. Myllyniemi: Baltische Krise, Seite 19.

2.3.5. Die Beziehungen zu den Nachbarstaaten Lettland, Finnland und Litauen

In den vorangegangenen Kapiteln wurde die Entstehung verschiedener bi- und multilateraler Verträge dargestellt. An zahlreichen Stellen wurde dabei auf die Beziehungen zu den Nachbarstaaten hingewiesen, da diese häufig eine überaus wichtige Rolle bei der Ratifizierung und Festigung der Vertragsentwürfe spielten. Im Folgenden sollen nun die estnischen Beziehungen zu den Nachbarstaaten aufgezeigt werden. Litauen zählt dabei auf Grund seiner regionalen und historischen Verbundenheit auch als Nachbar. Auf den östlichen Nachbarn, die Sowjetunion, soll in einem späteren Kapitel gesondert eingegangen werden.

Die vertraglich engste Verbindung hatte Estland zu Lettland. Die beiden Staaten waren durch den gemeinsamen Beistandspakt von 1923, die Baltische Entente von 1934 und den Völkerbund verbunden. Magnus Ilmjärv wertet gerade den Beistandspakt der beiden Staaten als nur auf dem Papier vorhanden. Für diese Behauptung nennt er verschiedene Gründe, sowohl psychologische als auch militärische, politische und wirtschaftliche.

Die psychologischen Aspekte sind in der gemeinsamen Vergangenheit begründet. So habe sich Lettland, laut estnischer Beschuldigungen, in den vergangenen 700 Jahren als illoyal den Esten gegenüber verhalten. Außerdem behaupteten die Esten, dass sie es waren, die in den Freiheitskriegen 1918-1920 die deutsche Landwehr aus Lettland vertrieben und somit eine lettische Staatsgründung überhaupt erst möglich gemacht hatten. Dass dieser Umstand in Lettland teilweise geleugnet wurde, führte in Estland zu Unmut.[102]

Wichtiger waren allerdings die militärischen Gründe, die eine nachhaltige Zusammenarbeit der Staaten erschwerten. Wie im Kapitel 2.3.2. bereits angesprochen, kam es in der Zwischenkriegszeit nur zu einem einzigen gemeinsamen Manöver. Die Staaten bezogen ihre Kriegsmaterialien von unterschiedlichen Großmächten, was eine Unterstützung mit Munition im Kriegsfall unmöglich machte.[103] Auch bezüglich des Feindes war man sich uneinig. In Estland rechnete man ausschließlich mit einem sowjetischen Überfall und sicherte sich in Richtung Deutschland kaum ab. In Lettland betrachtete man sowohl die Sowjetunion als auch Deutschland als möglichen Feind und

---

[102] Vgl. Ilmjärv: Häälestu alistumine, Seite 350.
[103] Vgl. hierzu Kapitel 2.3.3.

verteidigte die eigenen Grenzen in alle Richtungen. Dass Lettland die eigene Ostgrenze in den Augen der Esten kaum sicherte, stieß in Estland auf starke Kritik. Man befürchtete, die Sowjetunion könne Estland von Lettland aus überfallen. Für die lettische Armee war es allerdings schwer möglich, die 296 km lange Grenze vollständig zu bewachen und das Land plante deshalb, einen möglichen Angriff im eigenen Land abzuwehren.[104]

In Estland bemerkte man außerdem, dass Lettland mehr Geld für Kultur, Architektur, Paraden und Feste ausgab als für das eigene Militär. Dadurch verstärkte sich in Tallinn die Angst, Lettland im Falle eines Angriffs beistehen zu müssen, im Falle eines gegen Estland gerichteten Angriffs jedoch keine lettische Unterstützung zu erhalten. Eine Mutmaßung, die ebenfalls nicht gerechtfertigt war, denn wie sich bei einer Inspektion im Jahre 1936 herausstellte, war Lettland der besser ausgerüstete Staat.[105]

In Riga sorgte unterdessen die enge Zusammenarbeit Estlands mit Deutschland für Skepsis. Lettland hielt nämlich nach der Machtergreifung Hitlers nicht mehr die Sowjetunion, sondern Deutschland für die größere Gefahr und war im Gegensatz zu Estland bereit, auch an sowjetischer Seite gegen Deutschland zu kämpfen. Geschickte deutsche Manipulationen förderten dieses Misstrauen und erschwerten zusätzlich die lettisch-estnischen Beziehungen.[106] Dieses gegenseitige Misstrauen war bei allen drei baltischen Staaten in der Zwischenkriegszeit vorhanden. Edgar Anderson beschreibt die Stimmung unter den baltischen Staaten folgendermaßen:

> „Fierce nationalism and pride in unadulterated independence, too, were formidable obstacles to the meaningful cooperation of the Baltic States. Each refused to sacrifice any portion of its hard-won sovereignty for the sake of its neighbors and common Baltic interests."[107]

Statt von enger Zusammenarbeit war das Verhältnis der Staaten von gegenseitiger Eifersucht, kleineren Streitigkeiten und fast bewusster Behinderung der Ziele des anderen geprägt.[108]

Litauen wurde auf Grund seiner außenpolitischen Probleme von den Nachbarstaaten lange Zeit nicht beachtet. Auch eine wirtschaftliche Zusammenarbeit schlug fehl, denn

---

[104] Vgl. Ilmjärv: Hääletu alistumine, Seite 350-353.
[105] Vgl. Ilmjärv: Hääletu alistumine, Seite 351.
[106] Vgl. Ilmjärv: Hääletu alistumine, Seite 351-354.
[107] Anderson: The Baltic Entente, Seite 128.
[108] Vgl. Anderson: The Baltic Entente, Seite 128.

die ähnliche Wirtschaftsstruktur machte die drei Staaten wiederum zu sich gegenseitig schwächenden Konkurrenten.[109]

Die Beziehung zu Finnland war hingegen von positiven Erfahrungen in der Vergangenheit geprägt. Die Finnen hatten während der Unabhängigkeitskriege Teile der Roten Armee aufgehalten und ihr Vordringen nach Estland verhindert. Eine Zusammenarbeit mit dem nördlichen Nachbarn hielt Estland in den 20er und frühen 30er Jahren für wichtig. Auch Finnland sah in Estland und in Lettland mögliche Verbündete.[110]

Die Zusammenarbeit betraf hauptsächlich die Marine und die Sicherung des Finnischen Meerbusens. Im Falle eines sowjetischen Angriffs plante man, diesen zu verminen und so ein Durchdringen der feindlichen Truppen zu verhindern. Im Gegensatz zu den baltischen Unstimmigkeiten über ein gemeinsames Feindbild waren sich Estland und Finnland darüber einig. Sowohl Estland als auch Finnland sahen die Sowjetunion als einzige Gefahr für die eigenen Territorien an.[111]

Nachdem man im November 1933 noch gemeinsam die Sicherung des Finnischen Meerbusens besprochen hatte, änderte sich im Jahre 1934 die finnische Richtung. Eine direkte oder indirekte Unterstützung Estlands sah man in den Verteidigungsplänen nicht mehr vor. Finnland war von jetzt an nur an Informationen, welche die militärische Position Estlands betrafen, und an einer Zusammenarbeit im Bereich der Marine und Aufklärung interessiert. Auf diesen Gebieten tauschten die Staaten weiterhin diesbezügliche Informationen aus.[112]

Die außenpolitische Position Finnlands neigte sich aber in Richtung Skandinavien. Grund für die Distanzierung von Estland könnte zum einen die innenpolitische Veränderung Estlands gewesen sein. Das entstandene autoritäre Regime Päts wurde in Finnland stark kritisiert.[113] Zum anderen war im gleichen Jahr die Baltische Entente entstanden. Diesen Zusammenschluss mit Litauen, welches noch immer mit Deutschland in Konflikt stand, nutzte Finnland als Vorwand, sich von den baltischen Staaten zu entfernen.[114]

---

[109] Vgl. Schmidt: Außenpolitik, Seite 45.
[110] Vgl. Ilmjärv: Hääletu alistumine, Seite 346.
[111] Vgl. Ilmjärv: NL ja Saksamaa vahel, Seite 37.
[112] Vgl. Ilmjärv: Hääletu alistumine, Seite 347.
[113] Vgl. Ilmjärv, Magnus: Põhijooni Euroopa suurriikide välispoliitikast Kirde-Euroopas 1930. aastate teisel poolel. In: Sõja ja rahu vahel. Eesti julgeolekupoliitika 1940. aastani. Hg. v. T. Enn; et al. Tallinn 2004, S. 5–51, Seite 50. Im Folgenden zitiert als: Ilmjärv: Põhijooni.
[114] Vgl. Medijainen: Before and during the Year 1939, Seite 98.

Das Misstrauen der baltischen Staaten untereinander schwächte sowohl die gemeinsamen Bündnisse als auch die Zusammenarbeit. Estland selbst erwartete daher wenig Unterstützung im Falle eines Angriffs und war selbst auch nicht bereit, für die Belange der Nachbarn einzutreten. Die militärische Zusammenarbeit mit Finnland funktionierte dagegen besser, ein gemeinsames Bündnis kam aber nicht zustande. Bedingt durch die Neutralitätserklärung im Mai 1938 schwand die Hoffnung auf Unterstützung seitens Finnlands im Falle eines Angriffs. Auf regionale Sicherheit konnte Estland somit nicht bauen.

2.3.6. Das Verhältnis zu den Westmächten England und Frankreich

Ob es seitens der Westmächte Aussicht auf eine Garantie der eigenen Grenzen gab und in welchem Verhältnis diese zu Estland standen, soll im Folgenden geklärt werden. Nachdem England Estland und Lettland im Jahre 1918 *de facto* und am 21. Januar 1921 *de jure* anerkannt hatte, erhoffte man sich in jenen Staaten auch in den folgenden Jahren Englands Unterstützung.[115] Estland war 1919, in der Hoffnung auf eine künftige militärische Zusammenarbeit, sogar bereit, der englischen Flotte Stützpunkte auf den Inseln Hiiumaa und Saaremaa zur Verfügung zu stellen. Dies ist ein Beispiel dafür, dass die baltischen Staaten und vor allem Estland mit den verschiedensten Mitteln versuchten, das Interesse Englands zu erlangen.[116] Dieses hatte sich in den Jahren 1919-1920 kurzzeitig dazu entschieden, das Baltikum im Falle eines sowjetischen Angriffs zu unterstützen. Diese Entscheidung nahm man aber bereits im Juli 1921 zurück. Seit diesem Zeitpunkt gab es von englischer Seite keine festen Versprechungen oder Abkommen mit den Staaten.[117] Es war zwar an einer stabilen Lage im Baltikum interessiert, wollte diese Gebiete aber selbst nicht garantieren und militärisch

---

[115] Vgl. Crowe, David M., JR.: Great Britain and the Baltic States, 1938-1939. In: The Baltic States in peace and war, 1917 - 1945. Hg. v. S. Vardys. University Park 1978, S. 110–119, Seite 110. Im Folgenden zitiert als: Crowe (JR): Great Britain.
[116] Vgl. Medijainen, Eero: Võimalused ja valikud. In: *Ajalooline Ajakiri* 1 (2000), S. 5–48, Seite 45. Im Folgenden zitiert als: Medijainen: Võimalused.
[117] Vgl. Hinkkanen, Merja-Liisa: Bridge and Barriers, Pawns and Actors. The Baltic States in East- West Relations in the 1920s. In: Contact or isolation? Soviet Western relations in the interwar period; symposium; October 12 - 14, 1989, University of Stockholm (= Acta Universitatis Stockholmiensis, Studia Baltica Stockholmiensia, 8). Hg. v. J. Hiden. Stockholm 1991, S. 431–442, Seite 436. Im Folgenden zitiert als: Hinkkanen: Bridge and Barriers.

unterstützen. In der zweiten Hälfte der 30er Jahre verlor England dann jegliches Interesse an den Staaten.[118]

Die wirtschaftlichen Beziehungen zwischen den baltischen Staaten und England spielten auch in der Zwischenkriegszeit eine große Rolle. England war seit Erlangung der baltischen Unabhängigkeit sehr interessiert an den neuen Wirtschaftsräumen im Baltikum. Die Staaten wurden häufig als „doors to the great Russian warehouse" bezeichnet und sollten zu einer Brücke zwischen Ost und West werden.[119] Der britische Handel mit dem Baltikum war seit 1920 stetig gestiegen.[120] Dennoch verlor England mit der Zeit wieder zahlreiche wichtige Märkte in dieser Region an den Rivalen Deutschland. Merja-Liisa Hinkkanen begründet dieses Phänomen mit der Unfähigkeit der Briten, ihre wirtschaftlichen Ziele mit den politischen zu verbinden.[121] Dass man in London die Unabhängigkeit der baltischen Staaten nur als Übergangserscheinung ansah, könnte zudem ein Grund für das fehlende politische Interesse an diesen Gebieten gewesen sein.[122]

Im Gegensatz zu den Hoffnungen, die vor allem Estland bezüglich Englands hatte, war England in keinster Weise bereit, die Staaten zu garantieren. Der Völkerbund und die von ihm vorgegebenen Richtlinien waren und blieben der einzige Rahmen, in dem das Land mit den baltischen Staaten politisch agierte.[123]

Mehr Unterstützung kam von französischer Seite. Frankreich setzte sich, wie in Kapitel 2.3.4. beschrieben, in den ersten Jahren der Unabhängigkeit stark für ein osteuropäisches Sicherheitssystem ein. Dennoch war auch die Hoffnung der einzelnen Staaten auf ein bilaterales Bündnis mit Frankreich, welches dem Staat Schutz gegeben hätte, sehr gering. Zwar war Paris bereits mit Polen und der Tschechoslowakei ein solches Bündnis eingegangen, doch weniger, um diese Staaten zu sichern, als selbst eine Absicherung zu erhalten.[124]

Die baltischen Staaten sollten in den Augen Frankreichs auch weniger eine wirtschaftliche Brücke zwischen Westeuropa und der Sowjetunion, sondern eher eine Barriere, einen „*cordon sanitaire*", zwischen dem bolschewistischen Russland und dem

---

[118] Vgl. Medijainen: Before and during the Year 1939, Seite 98.
[119] Vgl. Hinkkanen: Bridge and Barriers, Seite 434.
[120] Vgl. Crowe (JR): Great Britain, Seite 111.
[121] Vgl. Hinkkanen: Bridge and Barriers, Seite 437.
[122] Vgl. Schmidt: Außenpolitik, Seite 41.
[123] Vgl. Nurek, Mieczyslaw: Great Britain and the Baltic in the last months of peace, March-August 1939. In: The Baltic and the outbreak of the Second World War. Hg. v. J. Hiden. Cambridge 1992, S. 21–49, Seite 22. Im Folgenden zitiert als: Nurek: Great Britain.
[124] Vgl. Medijainen: Before and during the year 1939, Seite 94.

Westen bilden. Auf die Frage, wie sich Frankreich im Falle eines sowjetischen Angriffs auf Estland verhalten würde, antwortete man bereits zu Beginn der 20er Jahre nur mit dem Versprechen auf politische Unterstützung. Im Jahre 1934 wurde immer klarer, dass Frankreich für Estland im Falle eines Angriffs weder gegen Deutschland noch gegen die Sowjetunion kämpfen würde. Man vermutete in Tallinn sogar, dass die baltischen Staaten nur Teil des Ostpakts werden sollten, damit der Sowjetunion im Falle eines deutschen Angriffs auf Frankreich ein Durchmarschrecht durch die Staaten zustehe.[125]
Die Politik der Westmächte England und Frankreich war in der Zwischenkriegszeit stark von der Sicherung der eigenen Interessen gekennzeichnet. Eine Garantie an kleinere Staaten zu geben, dazu waren beide Mächte nicht bereit. Beim Abschluss von Bündnissen war man zudem sehr auf die eigenen Vorteile bedacht. Auch im Rahmen des Völkerbunds konnten sich kleinere Staaten wenig Sicherheit von den Großmächten erwarten. Estland hatte somit faktisch keinen Rückhalt, weder regional noch international. Die einzigen Staaten, die Interesse an dem Land zeigten, waren die revisionistische Sowjetunion und das nationalsozialistische Deutschland.

2.3.7. Estland zwischen der Sowjetunion und Deutschland

Diese Interessen und die Politik der beiden wieder erstarkten Großmächte in unmittelbarer Umgebung Estlands sollen im Folgenden betrachtet werden.
Am 2. Februar 1920 hatte die Russische Sozialistische Föderative Sowjetrepublik (RSFSR) im Friedensvertrag von Tartu die Unabhängigkeit Estlands anerkannt und freiwillig erklärt, auf sämtliche Souveränitätsrechte in Estland auf alle Zeiten zu verzichten.[126] In den 20er Jahren versuchte die Sowjetunion dann zumeist vergebens, mit dem unabhängigen Estland Föderations-, Kooperations-, Nichtangriffs- oder Unabhängigkeitsgarantieverträge zu schließen. Eine erste Annäherung gab es 1929, als Estland das "Litvinov-Protokoll" unterschrieb. Im gleichen Jahr folgte ein sowjetisch-estnisches Handelsabkommen und im Jahre 1932 ein Nichtangriffspakt der beiden Staaten.[127] Dennoch war die estnische Einstellung der Sowjetunion gegenüber stets misstrauisch. Anders als die beiden Nachbarstaaten Lettland und Litauen sah Estland

---
[125] Vgl. Ilmjärv: Põhijooni, Seite 41.
[126] Vgl. Garleff: Baltische Länder, Seite 103.
[127] Vgl. Garleff: Baltische Länder, Seite 153.

seine Unabhängigkeit durch sie gefährdet. Ein Durchmarschrecht wollte man der Sowjetunion weder im Rahmen des Völkerbundes (Artikel 16) noch im geplanten Ostpakt gewähren. Man war sich dessen bewusst, „daß eine Besetzung durch die Sowjetunion ‚dasselbe bedeutet wie den Verlust der Selbstständigkeit'"[128] Sogar im Falle eines deutschen Angriffs wollte Estland auf keinen Fall sowjetische Hilfe annehmen.[129]

Die Sowjetunion war bereits in den 20er Jahren daran interessiert, die obengenannten Verträge mit Estland und den anderen Staaten zu schließen und betrachtete diese Staaten „als Region eigener, besonderer Interessen."[130] Die Sowjetunion war bestrebt, ihre Vormachtstellung im Baltikum zu behalten. Um die Staaten selbst nicht zu stark werden zu lassen, nutzte sie jede Möglichkeit, die Zusammenarbeit der Staaten untereinander zu stören.[131] In Anbetracht dessen, dass sich keiner der baltischen Staaten vor Ausbruch des Zweiten Weltkrieges in einem sicheren Paktsystem befand, ist diese Politik als gelungen anzusehen.

Unter dem Vorwand der „Kollektiven Sicherheit" und auf Grund der deutschen Bedrohung gegen die Sowjetunion erfolgten ab dem Jahr 1935 verschiedene sowjetische Bündnisangebote an die umliegenden Staaten. Man versuchte so, die schwächeren Staaten zu einer engeren Kooperation zu bewegen und damit gleichzeitig einer Isolation, wie sie im Falle eines Bündnisses zwischen Deutschland und diesen Staaten entstanden wäre, zu entgehen. Die baltischen Staaten, allen voran Estland, lehnten bilaterale Verträge mit dem Nachbarn ab.[132] Rolf Ahmann argumentiert, dass die Frage, ob ein Bündnis mit der Sowjetunion im Jahre 1936 die Staaten wirklich gesichert hätte, offen bleibt. Er meint, dass die Annäherung zu dieser Zeit keine Sowjetisierung forciert hätte, sondern in der Tat von sicherheitspolitischer Bedeutung gewesen wäre. Ahmann begründet diese These mit dem Hinweis auf die damalige militärische Lage der Sowjetunion und deren außenpolitische Bemühungen. Festzuhalten bleibt aber, dass ein Bündnis mit der Sowjetunion eine offene Distanzierung von der britischen, polnischen und skandinavischen Politik bedeutet hätte. Estland hätte sich in dem Fall der sowjetischen Politik ausgeliefert und wäre zum

---

[128] Frohwein aus Tallinn, zitiert bei: Myllyniemi: Baltische Krise, Seite 33.
[129] Vgl. Myllyniemi: Baltische Krise, Seite 34.
[130] Schmidt: Außenpolitik, Seite 42.
[131] Vgl. Schmidt: Außenpolitik, Seite 42.
[132] Vgl. Dallin, Alexander: The Baltic States between Nazi Germany and Soviet Russia. In: The Baltic States in peace and war, 1917 - 1945. Hg. v. S. Vardys. University Park 1978, S. 97–109, Seite 99. Im Folgenden zitiert als: Dallin: Between Nazi Germany and Soviet Russia.

Gegner des Dritten Reiches geworden, zu welchem es aber besonders enge Beziehungen pflegte.[133]

Der Sowjetunion war dieses gute Verhältnis Estlands zu Deutschland bewusst. Durch wiederholte Grenzzwischenfälle an der estnisch-sowjetischen Grenze und scharfe Drohungen[134] versuchte man bereits 1936 eine Anlehnung Estlands an die Sowjetunion zu erzwingen.[135] Da ein sowjetisch-deutscher Krieg Anfang 1939 immer wahrscheinlicher wurde und im Bewusstsein, dass die seit 1938 proklamierte estnische Neutralität im Falle eines Konflikts Deutschland zugute käme, überreichte Litvinov am 28. März 1939 den Gesandten Estlands und Lettlands eine einseitige Garantieerklärung. In ihr wurde nun de facto verkündet, dass die beiden Länder zur sowjetischen Interessenssphäre gehörten[136]:

> „Die Sowjetunion war immer und ist weiterhin außerordentlich interessiert an der Erhaltung der völligen Selbstständigkeit [Estlands] sowie der anderen Baltischen Staaten, was in Einklang steht mit den wirklichen Interessen nicht nur der Bevölkerung dieser Republiken, sondern auch der Sowjetunion. Aus diesem Grunde ist klar, daß, wenn [Estland] „freiwillig" oder unter äußerem Druck irgendwelche Verträge schließt und unter die politische, wirtschaftliche oder sonstige Vorherrschaft einer dritten Macht gerät und wenn diesem dritten Staat Sonderrechte auf dem Territorium oder in den Häfen [Estlands] eingeräumt werden, die Sowjetunion dies als unzumutbar betrachtet und die Ansicht vertreten würde, daß es in Widerspruch zu dem 1920 zwischen [Estland] und der Sowjetunion geschlossenen Nichtangriffspakt stehe, sogar deren Verletzung bedeute."[137]

Ganz anders als zur Sowjetunion war das Verhältnis Estlands zu Deutschland. Bereits früh entstanden wirtschaftliche Verbindungen zwischen beiden Ländern.[138] Trotz der innenpolitischen Veränderungen Deutschlands im Jahre 1933 versuchte Estland weiterhin, die Verbindungen aufrecht zu erhalten und zu verstärken. Der Grund hierfür ist die direkte Nachbarschaft zur Sowjetunion, welcher Estland misstraute. Als im April 1939 die Mehrheit der estnischen Bevölkerung Deutschland für eine größere Gefahr

---

[133] Vgl. Ahmann, Rolf: Die baltischen Staaten zwischen Deutschland und der Sowjetunion 1933 - 1939. Neutralität oder Allianz - zwei Wege zu ihrem Untergang. In: Contact or isolation? Soviet Western relations in the interwar period; symposium; October 12 - 14, 1989, University of Stockholm (= Acta Universitatis Stockholmiensis, Studia Baltica Stockholmiensia, 8). Hg. v. J. Hiden. Stockholm 1991, S. 381–403, Seite 390. Im Folgenden zitiert als: Ahmann: Zwischen Deutschland und der Sowjetunion.

[134] In einer Rede vor dem achten Sowjetkongress im November 1936 äußerte sich der Parteisekretär Leningrads Andrej Ždanov folgendermaßen: „In den baltischen Ländern gibt es Abenteurer, die ihr Land faschistischen Großmächten als Operationsbasis gegen die Sowjetunion zu Verfügung stellen möchten. Diese Kleinstaaten sollen sich in Acht nehmen, dass nicht die Sowjetunion das ihnen zugekehrte Fenster weit öffnet und mit Hilfe der Roten Armee nachschaut, was drüben los ist." Vgl. Nieß, Lettland, Seite 69-70.

[135] Vgl. Ahmann: Zwischen Deutschland und der Sowjetunion, Seite 387.

[136] Vgl. Myllyniemi: Baltische Krise, Seite 43.

[137] Zitiert nach: Myllyniemi: Baltische Krise, Seite 43.

[138] Vgl. Schmidt: Außenpolitik, Seite 42.

hielt als die Sowjetunion, äußerte der estnische Außenminister Selter gegenüber dem polnischen Botschafter einen Monat später: „A month of Soviet occupation is worse than four years of German occupation."[139] Für Estland war Deutschland das geringere Übel und es behielt, trotz der offiziell proklamierten Neutralität, weiterhin seine pro-deutsche Einstellung. Man rechnete im Falle eines sowjetischen Angriffs mit deutscher Hilfe, zumindest mit Materiallieferungen.[140]

Deutschland begrüßte allein schon aus dem Grund, eine Pufferzone zwischen dem eigenen und dem sowjetischen Territorium zu haben, die eigenstaatliche Existenz der Länder im Baltikum. Garantieren wollte es die Staaten jedoch nicht.[141] Um den eigenen Einfluss auf die Länder nicht zu schmälern und der Entstehung eines starken Osteuropas vorzubeugen, versuchte Deutschland ab 1935 jede Verbindung zwischen den Staaten und der Sowjetunion sowie jede andere multilaterale Sicherung der Länder zu verhindern.[142]

Im Jahr 1935 schloss Deutschland mit Estland ein Abkommen über die Belieferung mit Schieferöl. Das Verhältnis der Staaten verbesserte sich weiter, nicht zuletzt weil Deutschland die wichtige Lage der estnischen Inseln Saaremaa und Hiiumaa, welche am Eingang zum Finnischen Meerbusen liegen, kannte. Bereits 1935 entwarf die Reichsmarine Pläne, wie sie die sowjetische Flotte im Finnischen Meerbusen blockieren und ihr somit den Zugang zur Ostsee abschneiden könne. Als in Deutschland absehbar wurde, dass die Eroberung der Länder Estland und Finnland zu viele Kräfte fordere, überlegte man, sich den Wunsch der Staaten nach der Verteidigung ihrer Neutralität zunutze zu machen.[143] Zu einem bilateralen Nichtangriffspakt war Deutschland im Mai 1935 allerdings noch nicht bereit. Hitler lehnte diese Bitte Estlands mit der Begründung, „die Ablehnung sei notwendig, um die sowjetischen Wünsche ebenfalls ablehnen zu können,"[144] ab.

Vertragliche Abkommen über eine deutsche Unterstützung Estlands gab es bis April 1939 nicht. Obwohl es, laut Urmas Salo, Versprechungen der Kriegsmarine gegeben habe, die Estland Unterstützung bei einem sowjetischen Angriff zugesagt hatte.[145] Am

---

[139] Zitiert nach: Salo, Urmas: Estimation of security threats and estonian defence planning in the 1930s. In: *Acta Historica Tallinnensia* 12 (2008), S. 35–74, Seite 45. Im Folgenden zitiert als: Salo: Security Threats.
[140] Vgl. Myllyniemi: Baltische Krise, Seite 34.
[141] Vgl. Schmidt: Außenpolitik, Seite 42.
[142] Vgl. Ahmann: Zwischen Deutschland und der Sowjetunion, Seite 386.
[143] Vgl. Ahmann: Zwischen Deutschland und der Sowjetunion, Seite 388.
[144] Vgl. Ahmann: Zwischen Deutschland und der Sowjetunion, Seite 389.
[145] Vgl. Salo: Security Threats, Seite 42-44.

28. April 1939 bot Ribbentrop dann Estland, Lettland, Finnland und den Skandinavischen Staaten einen Nichtangriffspakt an. Von diesen Verträgen erhoffte sich Deutschland laut Ahmann eine Ausrichtung der Verteidigung der baltischen Staaten gegen die Sowjetunion, die den Finnischen Meerbusen sichern und eine sowjetische Intervention im bevorstehenden deutsch-polnischen Krieg ausschalten sollte. Des Weiteren wollte man die Neutralität der Staaten fördern, um diese von den Angeboten anderer Staaten abzubringen. Nicht zuletzt hoffte man auf eine Verlängerung der Handelsverträge, welche der blockadesicheren Rohstoff- und Naturmittelversorgung dienen sollten.[146] Am 7. Juni 1939 wurden die Verträge in Berlin unterschrieben. Die Sowjetunion war den Verträgen gegenüber misstrauisch und sah den Pakt als erneute Anlehnung Estlands und auch Lettlands an Deutschland an.[147]

Die politische Lage Estlands in den 30er Jahren war geprägt von der deutsch-sowjetischen Rivalität im gesamten baltischen Raum. Auf Grund der Erfahrung der letzten russischen Besetzung und der territorialen Distanz zu Deutschland zog Estland eine Anlehnung an das nationalsozialistische Deutschland vor. Dieses zeigte jedoch kein Interesse, den Kleinstaat zu schützen, sondern sicherte sich durch den Vertrag von 1939 nur die eigene Versorgung. Durch unterschiedliche Maßnahmen versuchten die beiden übergroßen Nachbarn, Estland auf die jeweils eigene Seite zu ziehen oder es zumindest von einer Verbindung zu dem jeweiligen Kontrahenten abzubringen. Durch das Neutralitätsgesetz, welches am 3. November 1938 in Kraft trat, wollte Estland vermeiden, auf die eine oder andere Seite gezogen und damit automatisch zum Gegner der jeweiligen anderen Seite zu werden. Eine offene Gegnerschaft zur Sowjetunion wäre auf Grund der zu schwach abgesicherten außenpolitischen Lage fatal gewesen. Eine Gegnerschaft zu Deutschland wäre zum einen aus handelstechnischer Sicht schlecht gewesen, zum anderen wäre das Land dann der sowjetischen Politik ausgeliefert gewesen.

---

[146] Vgl. Ahmann: Zwischen Deutschland und der Sowjetunion, Seite 394-395.
[147] Vgl. Myllyniemi: Baltische Krise, Seite 48.

2.3.8. Neutralitätspolitik als estnische Strategie zur Bewahrung der Unabhängigkeit

Die Neutralitätspolitik, durch die sich Estland am 3. November 1938 der Entscheidung zwischen Deutschland und der Sowjetunion entzog, soll nun im Folgenden betrachtet werden. Dabei sollen die Vor- und Nachteile dieser Strategie beleuchtet und die Frage, ob diese Strategie überhaupt ausreichte, um die nationale Unabhängigkeit zu bewahren, diskutiert werden.

Am 3. November 1938 ratifizierten beide Kammern des Parlaments das Neutralitätsgesetz. Brisant war dessen Verabschiedung wegen eines immer wahrscheinlicher werdenden Angriffs Deutschlands geworden. Estland hätte auf Grund des Artikels 16 des Völkerbundes der Roten Armee im Falle eines deutschen Angriffs das eigene Territorium zum Durchmarsch gegen Deutschland zur Verfügung stellen müssen. Da man in Estland aber befürchtete, dass das den Verlust der Selbständigkeit bedeuten könnte, versuchte man sich dieser Gefahr zu widersetzen.[148] Durch die Neutralitätsdeklaration verzichtete Estland auf die Garantien des Artikels 16, war damit aber auch selbst nicht mehr verpflichtet, das eigene Territorium für Sanktionen gegen einen Aggressor zur Verfügung zu stellen.

Ein weiterer Vorteil der Deklaration war, dass das Land sich nicht, wie bereits ausgeführt offiziell für bzw. gegen eine der beiden Seiten, Sowjetunion oder Deutschland, entscheiden musste. Auf Grund der Bedeutung der wirtschaftlichen Beziehungen zu Deutschland und der Sowjetunion klammerte Estland eine wirtschaftliche Neutralität im Falle eines Konfliktes aus.[149]

Allerdings hatte die Neutralität, welche im ersten Moment als rettender Ausweg erschien, auch Nachteile. So durfte sich Estland offiziell zu keiner der beiden Seiten bekennen, d.h. auch die Presse musste neutral berichten. Zudem durfte es keine militärischen Beistandspakte oder andere, den Staat garantierende Verträge abschließen. Das Land hatte außerdem, und das ist in Bezug auf die Verhandlungen der Sowjetunion mit England und Frankreich im Frühjahr 1939 bedeutend, keine Möglichkeit, aktiv in diese einzugreifen und somit das eigene Schicksal mitzuentscheiden.[150] Eero Medijainen legt dar, dass die Neutralität Estland sogar geschwächt habe, „because it gave Moscow a chance to accuse Estonia of violating neutrality even in the case of the

---

[148] Vgl. Myllyniemi: Baltische Krise, Seite 33.
[149] Vgl. Ilmjärv: Hääletu alistumine, Seite 439.
[150] Vgl. Schmidt: Außenpolitik, Seite 46.

least foreign policy-related step that did not agree with the Soviet Union."[151] Betrachtet man die pro-deutsche Einstellung, welche auch in den Medien unschwer zu erkennen war, und die Tatsache, dass Estland auch nach der offiziellen Neutralitätserklärung noch Verträge abgeschlossen hat, wird klar, dass der estnische Staat die Neutralitätsbestimmungen nicht in vollem Maße eingehalten hat. Wenn an späterer Stelle von sowjetischen Vertragsbrüchen die Rede sein wird, so muss hier festgestellt werden, dass Estland in diesem Falle selbst auch klar gegen die Regeln der internationalen Normen verstoßen hat.

Aus genau diesem Grund wurde die estnische Neutralität sowohl von der Sowjetunion als auch vom Deutschen Reich als nicht stark genug angesehen, um einen bevorstehenden Konflikt zwischen den Großmächten zu überstehen. Auch in Estland verstand man im Frühjahr 1939, dass die Bewahrung der Neutralität in einem drohenden Krieg immer unwahrscheinlicher wurde.[152] Ein weiterer Grund für diese Befürchtung ist vorrangig die geografische Lage des Staates, welche Georg von Rauch in Bezug auf das gesamte Baltikum wie folgt beschreibt: „Die baltischen Länder, von 1920 bis 1936 in einer windstillen Bucht der großen Politik gelegen, wurden nunmehr erneut zu einem Wetterwinkel der internationalen Auseinandersetzungen."[153]

Auch die Neutralitätspolitik war eine weitere Reaktion Estlands und seiner Nachbarstaaten auf die außenpolitischen Entwicklungen der 30er Jahre und weder langfristig geplant noch in jeder Konsequenz eingehalten. Dass diese Politik schließlich scheiterte, wird im Folgenden ersichtlich werden. Insgesamt muss die estnische Außenpolitik der Zwischenkriegszeit als sehr passiv und reaktiv und wenig innovativ bezeichnet werden. Natürlich spielte auch die Politik der Nachbarstaaten und der Großmächte eine bedeutende Rolle für die Entwicklung und das Schicksal des Staates, der im August 1939 faktisch alleine und außenpolitisch völlig ungesichert einer plötzlichen deutsch-sowjetischen Allianz gegenüberstand.

---

[151] Medijainen: Before and during the year 1939, Seite 97-98.
[152] Vgl. Garleff: Baltische Länder, Seite 157. Sowie vgl. Ilmjärv: Hääletu alistumine, Seite 442. Und Myllyniemi: Baltische Krise, Seite 37.
[153] Rauch: Geschichte, Seite 163-164.

3. Der Hitler-Stalin-Pakt und das geheime Zusatzprotokoll

Nachdem die außen- und innenpolitische Situation Estlands im August 1939 dargestellt wurde, soll nun auf die Entstehung des Paktes zwischen Hitler und Stalin eingegangen werden, der den Grundstein für den erneuten Verlust der staatlichen Unabhängigkeit des Landes bedeutete. Der Pakt soll in zwei Schritten besprochen werden. Zunächst soll auf die Entstehungsumstände des Paktes und des Grenz- und Freundschaftsvertrags, dann auf die Reaktionen in Estland und die unmittelbaren Folgen für das Land eingegangen werden. Auf eine Darstellung des Prozesses der internationalen Anerkennung und Beurteilung des Paktes, wie sie in den Jahren 1988-1989 in umfangreichem Maße erfolgt war, wird verzichtet, da dies für das Verständnis der vorliegenden Untersuchung nicht relevant ist. Der Pakt wird, wie in der heutigen allgemeinen historischen Forschung üblich, als existent angesehen.[154]

3.1. Der Abschluss des Paktes sowie des Grenz- und Freundschaftsvertrags

Am 15. März 1939 besetzte Hitler die „Rest-Tschechei", wodurch sich Deutschlands Machtstellung in Europa vergrößerte und das Deutsche Reich sich weiter in Richtung Sowjetunion ausdehnte. Diese Situation wurde in der Sowjetunion als bedrohlich wahrgenommen. Zwei Tage nach der deutschen Okkupation schlug Großbritannien der Sowjetunion ein gemeinsames, gegen Hitler gerichtetes Bündnis vor, mit welchem in erster Linie die als nächstes bedrohten Staaten Polen und Rumänien vor einem deutschen Überfall geschützt werden sollten. Am 31. März erging an Polen und am 13. April an Rumänien und Griechenland eine offizielle Erklärung Frankreichs und

---

[154] Zur Diskussion über die Existenz und Einschätzung des Vertrages sei auf die Darstellungen Heiki Lindperes und Jan Lipinskys hingewiesen. Lindpere fasste im Jahre 1991 die Verhandlungen der Kommission der Volkskommissare der UdSSR zum Hitler-Stalin-Pakt, welche zwischen Juni und Dezember 1989 über die politische und juristische Einschätzung des Paktes diskutierten, zusammen. Lipinski gibt in seiner 2004 erschienenen Darstellung einen Überblick über die Entstehungs- und Rezeptionsgeschichte des Paktes. Vgl. Lipinsky, Jan: Das Geheime Zusatzprotokoll zum deutsch-sowjetischen Nichtangriffsvertrag vom 23. August 1939 und seine Entstehungs- und Rezeptionsgeschichte von 1939 bis 1999. Frankfurt/ Main et al. 2004. Im Folgenden zitiert als: Lipinsky: Zusatzprotokoll; Vgl. Lindpere, Heiki: Molotov-Ribbentrop pact. Challenging Soviet history. Tallinn 2009. Im Folgenden zitiert als: Lindpere: Molotov-Ribbentrop.

Englands, den Staaten im Falle eines Angriffs jede mögliche Unterstützung zukommen zu lassen, um deren Unabhängigkeit zu bewahren.[155]

Um dieser Garantie eine effektivere Bedeutung zu geben, bemühte man sich, auch Stalin als weiteren Garantiegeber zu beteiligen und darüber hinaus einen gemeinsamen Beistandsvertrag der drei Großmächte zu ratifizieren. Stalin hatte sich dazu bereit erklärt, mit den Westmächten in Verhandlung zu treten. Bereits zu Beginn der Verhandlungen schlug er jedoch vor, an alle Staaten zwischen Ostsee und Schwarzem Meer, die an die Sowjetunion angrenzten, eine solche Garantieerklärung zu geben. Abgesehen von Rumänien und Polen waren es Estland, Lettland und Finnland, die an die Sowjetunion angrenzten. Auf Grund ihrer Neutralität wehrten sich die Staaten allerdings vehement gegen eine solche Garantie,[156] da man sich durchaus darüber im Klaren war, dass es sich bei der Garantie, welche die Sowjetunion den Staaten unbedingt und ungeachtet derer Wünsche geben wollte, um eine Gefährdung der eigenen Unabhängigkeit handelte. Damit „autorisiert" wollte Stalin im Falle eines feindlichen Angriffes auf eines dieser Länder zu dessen Sicherheit als Protektor einmarschieren und es so verteidigen. Man befürchtete jedoch, dass die Sowjetunion nach einer erfolgreichen Verteidigung das Land nicht mehr verlassen würde.

Die Westmächte waren gegen eine solche Garantieerklärung. Sie sahen für die Staaten noch keine akute Gefahr von Hitler ausgehen, wollten jedoch die Gespräche vorantreiben, um den gefährdeten Staaten Polen und Rumänien eine bessere Absicherung zu gewähren.[157] Nachdem sich die sowjetische Führung von ihren Plänen aber nicht abbringen ließ, akzeptierten Frankreich und England in der Hoffnung auf einen baldigen Vertragsabschluss am 12. Juni 1939 diese Forderung. Auch der sowjetischen Wunsch, dem Vertrag eine Liste der „garantierten" Staaten[158] in einem geheimen Protokoll dem Vertrag hinzuzufügen, wurde akzeptiert.[159]

Noch klarer wurden die tatsächlichen Pläne Moskaus durch die Forderung, dass diese Garantien sowohl bei direkter als auch bei „indirekter Aggression" automatisch in Kraft

---

[155] Rei, August: The Baltic question at the negotiations in 1939. In: *East and West* 4 (1955), S. 20–29, Seite 20-21. Im Folgenden zitiert als: Rei: The Baltic question.

[156] Vgl. hierzu die Note der lettischen an die britische Regierung vom 12. Juni 1939 in: Arjakas, Küllo (Hg): Molotovi-Ribbentropi paktist baaside lepinguni. Dokumente ja materiale. Tallinn 1989, Seite 47. Im Folgenden zitiert als: Arjakas: MRP.

[157] Vgl. Rei: The Baltic question, Seite 23.

[158] Die Liste beinhaltete Polen, Rumänien, Griechenland, die Türkei und Belgien, als die Staaten, welche bereits von England und Frankreich Garantien erhalten hatten, hinzu kamen nun die "Baltischen Staaten", wobei Rei mit "Baltische Staaten" höchstwahrscheinlich die Staaten Finnland, Estland und Lettland meinte. Vgl. Rei: The Baltic question, Seite 24.

[159] Vgl. Rei: The Baltic question, Seite 24.

treten sollten. Den Begriff der „indirekten Aggression" wollte die Sowjetunion so auslegen, dass „sie jederzeit das Recht hätte, im Baltikum militärisch zu intervenieren."[160] Auch diese Forderung wurde im weiteren Verlauf der Verhandlungen von den Westmächten gebilligt.[161] Die Westmächte waren demnach dazu bereit, Stalin einen nahezu unbegrenzten Handlungsspielraum in diesen Staaten zu gewähren und diese im Namen des erhofften europäischen Friedens der Sowjetunion zu opfern.

Am 12. August begannen dann die Besprechungen über ein zusätzliches militärisches Abkommen der drei Länder. Während der Verhandlungen forderte die Sowjetunion ein Durchmarschrecht durch Polen und Rumänien. Dieser Forderung kam die polnische Regierung aber nicht nach. Dieses polnische Verhalten hält Ilmjärv für einen der Gründe, weshalb die Verhandlungen zwischen der Sowjetunion und den beiden Westmächten ohne erfolgreichen Vertragsabschluss blieben.[162]

Die Sowjetunion verlangte im Verlauf der Verhandlungen immer mehr Zugeständnisse von England und Frankreich. Deshalb verliefen die Verhandlungen mit Moskau sehr schleppend. Aus folgenden Gründen, waren Frankreich und England von April bis August 1939 jedoch bereit, mit der Sowjetunion zu verhandeln und auf für die betreffenden Länder schwerwiegende Forderungen einzugehen: Zum einen war man sich der Unmöglichkeit bewusst, Polen und Rumänien, denen man im April 1939 Garantieerklärungen gegeben hatte, ohne sowjetische Unterstützung bei einem deutschen Angriff wirklich zu schützen. Des Weiteren sei ein Abkommen mit der Sowjetunion vor allem in der englischen Öffentlichkeit als entscheidendes Mittel angesehen worden, um Hitler in die Schranken zu weisen. Außerdem wäre für England und Frankreich ein eigenes Abkommen mit der Sowjetunion die beste Möglichkeit gewesen, um eine Annäherung Deutschlands und der Sowjetunion zu verhindern.[163]

Die Verhandlungen zwischen den Westmächten und der Sowjetunion waren jedoch von Anfang an von beiderseitigem Misstrauen und zu unterschiedlichen Forderungen geprägt. Stalin verdächtigte die Westmächte, ihn in einen Krieg mit Deutschland verwickeln zu wollen, um beide Staaten zu schwächen. Bezüglich des von Frankreich und England beabsichtigten Vertrags, der vor allem auch zum Schutz Rumäniens und Polens vor Deutschland entstehen sollte, äußerte Ždanov am 26. Juni in der Zeitung „Prawda" in einem Artikel mit der Überschrift: „Die britische und die französische

---

[160] Schmidt: Außenpolitik, Seite 49.
[161] Vgl. Ilmjärv: Hääletu alistumine, Seite 484.
[162] Vgl. Ilmjärv: Hääletu alistumine, Seite 485.
[163] Vgl. Bullock, Alan: Hitler und Stalin. Parallele Leben. Berlin 1991, Seite 802. Im Folgenden zitiert als: Bullock: Hitler und Stalin.

Regierung wünschen kein gleichberechtigtes Abkommen mit der UdSSR" seinen Unmut folgendermaßen:

> „Was sie wollen ist ein Vertrag, bei dem die UdSSR die Rolle des Lohnarbeiters spielt, der die Hauptlast der Verpflichtungen auf seinen Schultern trägt. Kein Land, das sich selbst achtet, wird einen solchen Vertrag akzeptieren, wenn es nicht zum Spielzeug in den Händen von Leuten werden will, die es gewohnt sind, daß andere für sie die Kastanien aus dem Feuer holen."[164]

Das zögerliche und teilweise auch ungeschickte Vorgehen der Westmächte gegenüber der Sowjetunion machte eine Verständigung Deutschlands mit der Sowjetunion immer wahrscheinlicher. Ein erstes Indiz für eine sowjetische Annäherung war für Hitler am 3. Mai 1939 die Ernennung Molotovs zum neuen sowjetischen Außenminister. Kurz darauf erhielt der deutsche Botschafter in Moskau die Weisung Hitlers, die Wiederaufnahme von Wirtschaftsgesprächen vorzuschlagen – eine erste Annäherung Hitlers. Auf Grund seines Plans zu einem Blitzkrieg in Polen, welcher noch vor dem Winter stattfinden sollte, stand Hitler jedoch unter Zeitdruck und versuchte die Sowjetunion so bald wie möglich zu Gesprächen über einen gemeinsamen Vertrag zu bewegen. Beide Staaten wollten einen Krieg mit dem jeweils andern auf jeden Fall verhindern. Deutschland wollte die Gefahr eines Zweifrontenkriegs mit den Westmächten und der Sowjetunion verringern, die Sowjetunion wollte aus Angst vor einem Zweifrontenkrieg gegen Japan und Deutschland eine Auseinandersetzung mit Deutschland vermeiden oder zumindest hinauszögern.[165] Es ist anzunehmen, dass beide Seiten den Vertrag nur zur Abwehr dieser Gefahren abschlossen. Wie sich später zeigen wird, hielt sich Hitler nicht an die Abmachung und überfiel 1941 die Sowjetunion. Es ist zudem bekannt, dass in Deutschland bereits lange vor diesem Überfall auch Pläne über die zukünftige Eingliederung der Staaten im Osten bestanden.

Während die Verhandlungen der Sowjetunion mit den Westmächten ins Stocken geraten waren, war die sowjetische Führung spätestens Anfang August von dem deutschen Bestreben nach einem gemeinsamen Vertrag überzeugt. Die Verhandlungen mit den Westmächten wurden deshalb am 21. August auf unbestimmte Zeit vertagt. Am 23. August sollte bereits von Ribbentrop zu Verhandlungen nach Moskau reisen.[166] Von Ribbentrop hatte, wie von Hitler angekündigt, umfassende Generalvollmachten zur

---

[164] Zitiert nach: Bullock: Hitler und Stalin, Seite 804.
[165] Vgl. Bullock: Hitler und Stalin, Seite 804-807.
[166] Vgl. Myllyniemi: Baltische Krise, Seite 46; 50.

Abfassung und Unterzeichnung des Nichtangriffspaktes und des Protokolls dabei.[167] Stalin hatte auf Grund des Drängens Hitlers im Vorfeld der Verhandlungen bereits erkannt, dass er unter Zeitdruck stand und daher zu einer Vielzahl von Zugeständnissen an die Sowjetunion bereit war.[168] Diesen Umstand nutzte Stalin aus, so dass der Sowjetunion schließlich Estland, Lettland, Finnland, ein großer Teil Polens und das zu Rumänien gehörende Bessarabien als Interessenssphären zugesprochen wurden. Hitler hingegen erhielt Litauen und die polnischen Gebiete westlich der Flüsse Narew, Weichsel und San. Die Grenzen der Interessenssphären der beiden Staaten wurden in einem geheimen Zusatzprotokoll zum am 24. August unterschriebenen und mit den Unterschriften sofort ratifizierten Hitler-Stalin-Pakt festgelegt.[169] Hitler sicherte sich somit vorerst seine Nahziele – die ehemaligen deutschen Gebiete in Polen und opferte neben anderen Staaten auch Estland der Sowjetunion.

Noch während des Polenfeldzuges kam es auf Grund von Unschärfen im Zusatzprotokoll vom 24. August zu weiteren Verhandlungen zwischen Deutschland und der Sowjetunion. Stalin verlangte im Zuge der Verhandlungen, auch Litauen in seine Interessenssphäre zu bekommen. Hitler, der durch den Pakt mit der Sowjetunion noch abhängiger von ihr war, willigte in diese Forderung Stalins schließlich ein. Im Gegenzug erhielt er die polnischen Gebiete der Woiwodschaft Lublin und Teile der Woiwodschaft Warschau. Der sowjetisch-deutsche Grenz- und Freundschaftsvertrag am 28. September 1939 besiegelte offiziell das freundschaftliche Verhältnis der Staaten. Im vertraulichen Protokoll, das zum Vertrag gehörte, wurden die eben genannten Vereinbarungen der Staaten über die weiteren Gebiete festgelegt. Zusätzlich wurde in dem Protokoll vereinbart, dass deutschstämmige Bewohner der sowjetischen Interessenssphären, falls sie dies wünschten, ohne Behinderung durch die Sowjetunion in die deutschen Gebiete übersiedeln dürften.[170] Dadurch war eine sichere Übersiedlung der Baltendeutschen in die deutsche Interessenssphäre gewährleistet. Ob die Initiative für die Umsiedlung jedoch von Hitler oder Stalin ausging, ist schwer zu sagen, da auch Stalin großes Interesse an einer vorzeitigen Umsiedlung der deutschen Volksstämme gehabt haben könnte. Er kannte den von Hitler bereits häufiger gebrauchten Vorwand, seine Expansionsbestrebungen mit dem Leid der sich im jeweiligen Gebiet befindlichen

---

[167] Vgl. Bullock: Hitler und Stalin, Seite 810.
[168] Vgl. Voslensky, Michael: Der Hitler-Stalin-Pakt: Auf dem Weg zum Kriegsbündnis. In: Der Hitler-Stalin-Pakt. Voraussetzungen, Hintergründe, Auswirkungen. Hg. v. G. Bisovsky. Wien 1990, S. 47–51, Seite 48. Im Folgenden zitiert als: Voslensky: Der Hitler-Stalin-Pakt.
[169] Vgl. Bullock: Hitler und Stalin, Seite 813.
[170] Vgl. Myllyniemi: Baltische Krise, Seite 53.

Volksdeutschen zu begründen. Um Hitler diesen Anlass in der neuen Interessensphäre der Sowjetunion künftig nicht zu geben, hält der ehemalige Vizepräsident des Verbandes der Deutschen Volksgruppen in Europa, Wilhelm Wrangell[171] es für denkbar, dass die Initiative der Umsiedlung daher von Stalin ausgegangen war.[172]

3.2. Estnische Reaktionen und unmittelbare Folgen

Dass das eigene Territorium für die Sowjetunion von großem Interesse war, darüber war man sich in Estland schon vor dem Abschluss des Hitler-Stalin-Pakts bewusst. Der Militärstab hatte bereits im Sommer 1939 von den zuvor erwähnten sowjetischen Forderungen bei den Verhandlungen mit Frankreich und England erfahren. Die plötzliche deutsch-sowjetische Einigung kam für Estland allerdings sehr unerwartet. Richard Maasing fasst in seinen Memoiren die Reaktion im Militärstab zusammen:

> „Am 26. August 1939 bekam der estnische Militärstab die ersten Informationen, dass bei den Verhandlungen Molotows und Ribbentrops die baltischen Staaten in die Interessenssphäre der Sowjetunion gelangt waren.
> Am 28. August rief General Laidoner seine engsten Berater zusammen und veranlasste, dass unsere Ostgrenzen und die umliegenden Gebiete stärker bewacht werden.
> Am 30. August erhielten wir sichere Informationen über eine Mobilisation im Leningrader Gebiet und dass Züge mit Streitkräften und Ausrüstung sich auf dem Weg nach Kingissepp befanden.
> Am 1. September […] rief General Laidoner seine engsten Mitarbeiter zusammen, wägte eine estnische Gesamtmobilmachung ab und traf alle Vorbereitungen, um diese durchzuführen, falls der Präsident einen solchen Befehl erteile."[173]

Auf Grund verschiedener Überlegungen und der Bekanntgabe Finnlands und Lettlands, dass diese Länder eine Mobilmachung Estlands nicht unterstützen würden, sah man

---

[171] Der baltendeutsche Wilhelm Wrangell war persönlich im Oktober 1939 überraschend nach Berlin gerufen worden, kehrte einige Tage später mit der Nachricht der Umsiedlung nach Estland zurück und war dann maßgeblich an der Umsetzung dieser Umsiedlung beteiligt. In Berlin erhielt er später für seine Dienste einen Posten im Auswärtigen Amt. Wrangell wird von seinem Schwager Carl Mothander als „feuriger Nazi" bezeichnet. Die Vermutung liegt nahe, dass Wrangell sich wohl weniger zum Wohl der Baltendeutschen Bevölkerung, als eher aus eigenen Ambitionen, für die Umsetzung der Vorgaben aus Berlin eingesetzt hatte. Vgl. dazu Monthander, Carl: Rootsi kuninga valge laev. Riskantne mäng rannarootslaste pärast. Tallinn 2011, Seite 143. Im Folgenden zitier als: Monthander: Rootsi kuninga valge laev.
[172] Vgl. Wrangell, Wilhelm Baron: Die Vorgeschichte der Umsiedlung der Deutschen aus Estland. In: Baltische Hefte 4 (1958), S. 134–165, Seite 146. Im Folgenden zitiert als: Wrangell: Umsiedlung.
[173] Maasing, Richard: Eesti ja N. Liidu sõjaväeliste delegatsioonide läbirääkimisi 1939. a. oktoobris. In: Eesti Riik ja rahvas teises maailmasõjas. Bd. 2. Hg. v. R. Maasing. Stockholm 1955, S. 44–55, Seite 46. Im Folgenden zitiert als: Maasing: Läbirääkimised 1939. a. oktoobris.

letztlich im Parlament von einer solchen Gesamtmobilmachung ab.[174] Seppo Myllyniemi folgert aus dem Handeln Laidoners, dass dieser die Bedrohung Estlands zu dem Zeitpunkt als wenig akut angesehen habe.[175] Auch die Reaktionen in den estnischen Zeitungen waren in den ersten Tagen wenig besorgt. Im Gegenteil, man war sogar froh, dass die sowjetischen Verhandlungen mit den Westmächten gescheitert waren.

Die im Ausland erschienen Artikel, in denen bereits am 24. August darüber berichtet wurde, dass Deutschland und die Sowjetunion am 23. August ihre Interessensphären in Osteuropa abgegrenzt hatten, erhielt die estnische Führung gleich nach deren Erscheinen. Um die Bevölkerung jedoch nicht zu beunruhigen, wurden diese in Estland nicht veröffentlicht.[176]

Auf Grund der Forderungen, welche die Sowjetunion in den Verhandlungen mit den Westmächten gestellt hatte, war man sich in Frankreich und England darüber im Klaren, dass es ein Zusatzprotokoll zum Hitler-Stalin-Pakt geben musste, in welchem die Staaten der sowjetischen Interessenssphäre zugeteilt wurden. Am 7. September erging eine Anordnung des Foreign Offices an die englischen Vertreter in den baltischen Hauptstädten: Diese sollten die jeweilige Regierung über die sowjetischen Forderungen bei den vorangegangenen Verhandlungen informieren. Laidoner sollen diese Forderungen bekannt gewesen sein, dennoch sei er optimistisch geblieben und habe geantwortet, er glaube den Erzählungen des Briten nicht.[177]

Erst als am 17. September die sowjetischen Truppen die zur eigenen Interessenssphäre gehörenden Gebieten Polens besetzte, wurde in Estland klar, dass die Sowjetunion und Deutschland gemeinsam agierten. In Tallinn reagierte man auf diese Erkenntnis mit Bestürzung und Panik. Einige Minister haben sich, so Myllyniemi, bereits zu diesem Zeitpunkt um Visa nach Schweden bemüht.[178]

Sofort nach Abschluss des Paktes war Andrei von Uexküll aus Estland nach Deutschland geschickt worden, um in Erfahrung zu bringen, in welcher Lage sich das eigene Land nun befände. Von Uexküll wurde bereits in Königsberg von Joachim von Ribbentrop empfangen, welcher ihm eröffnete, mit der estnischen Politik unzufrieden zu sein und ihm mitteilte, dass es für Verhandlungen nun zu spät sei.[179] Am 24.

---

[174] Vgl. Maasing: Läbirääkimisi 1939. a. oktoobris, Seite 46.
[175] Vgl. Myllyniemi: Baltische Krise, Seite 54.
[176] Vgl. Ilmjärv: Hääletu alistumine, Seite 544-545.
[177] Vgl. Ilmjärv: NL ja Saksamaa vahel, Seite 66.
[178] Vgl. Myllyniemi: Baltische Krise, Seite 54-55.
[179] Vgl. Ilmjärv: NL ja Saksamaa vahel, Seite 65.

September wurde dann Richard Maasing von General Laidoner ebenfalls beauftragt, sofort nach Berlin zu fliegen und zu versuchen, die deutschen Antworten auf folgende Fragen in Erfahrung zu bringen:

> „Können wir auf deutsche Hilfe hoffen, wenn wir gezwungen sind unsere Unabhängigkeit gegen die Sowjetunion zu verteidigen?
> Erlaubt uns Deutschland, welches jetzt unsere Verbindungen zum Westen kontrolliert, Ausrüstung auf dem Seeweg aus dem Westen zu bekommen?
> Bleibt Deutschland neutral, wenn die Sowjetunion Estland überfällt?"[180]

Auch Maasing wurde nur in Königsberg empfangen und bekam auf seine Fragen lediglich die ernüchternde Antwort, dass man auf Grund des Paktes mit der Sowjetunion Estland nicht unterstützen dürfe und bei einem Krieg zwischen Estland und der Sowjetunion sogar eine feindliche Einstellung zu Estland einnehmen könne. Auch der Erhalt von Kriegsausrüstung aus dem Westen wurde den Esten untersagt. Auf die dritte Frage erhielt Maasing, unter Verweis auf die Gefahr eines Zweifrontenkriegs zur Antwort, dass Deutschland seine freundschaftlichen Verbindungen mit der Sowjetunion aufrechterhalten werde.[181]

Nach seiner Rückkehr am 26. September gab er die erhaltenen Informationen an Laidoner weiter. Am Nachmittag dieses Tages erkannte die estnische Führung ihre aussichtslose Situation. Maasing fasst diese in seinen Memoiren zusammen:

> „1) Im Falle eines Krieges ist Estland vollkommen alleine.
> 2) Durch die Besetzung Polens [wurde Estland] auf dem Landweg vom Rest der Welt abgetrennt.
> 3) Die sowjetischen Streitkräfte an der Ost- und Südgrenze waren stark in der Überzahl.
> 4) Auf Grund des Krieges zwischen Deutschland und dem Westen sind die Seewege in deutscher und sowjetischer Hand und der Erhalt von Kriegsausrüstung über den Seeweg unmöglich.
> 5) Der Luftraum befand sich in sowjetischer Hand.
> 6) Finnland und Schweden hielten zusammen. Lettland war so vorsichtig, dass es noch nicht einmal den Oberbefehlshaber erlaubte, sich mit General Laidoner zu Gesprächen […] zu treffen.
> 7) Das Nationalsozialistische Deutschland wurde durch Hitler und Ribbentrop zum Verbündeten der kommunistischen Sowjetunion.
> 8) [Estland] selbst fehlte eine Kriegsindustrie und ein strategisches Hinterland[…]."[182]

Währenddessen leitete die sowjetische Führung bereits die ersten Schritte zur Annektion der westlichen Nachbarstaaten in die Wege.

---

[180] Maasing: Läbirääkimised 1939.a. oktoobris, Seite 48.
[181] Vgl. Maasing: Läbirääkimised 1939.a. oktoobris, Seite 49.
[182] Maasing: Läbirääkimised 1939.a. oktoobris, Seite 49.

4. Die Stützpunktperiode

Die sogenannte Stützpunktperiode stellt den Übergang von der Abgrenzung der Interessenssphären der beiden Diktatoren bis zum sowjetischen Ultimatum, das zur tatsächlichen Eingliederung des estnischen Staates in das Sowjetsystem führte, dar. Auf legalem Weg versuchte die Sowjetunion, einen Beistandspakt mit Estland und kurz darauf auch mit den anderen baltischen Staaten und Finnland zu schließen. Sie wollte so ihren Einfluss auf die Staaten vergrößern und die für einen späteren Zeitpunkt geplante Eingliederung der Länder vorbereiten. Auf die Entstehung des sowjetisch-estnischen Beistandspaktes sowie auf dessen Umsetzung und Auswirkung soll im Folgenden eingegangen werden.

4.1. Verhandlungen und Abschluss des sowjetisch-estnischen Beistandspakts

Die Flucht des internierten polnischen U-Boots „Orzel" am 17. September aus dem Tallinner Hafen bot der Sowjetunion einen Anlass, die estnische Souveränität erstmals einzuschränken. Dem estnischen Gesandten in Moskau August Rei wurde am 19. September ohne vorherige Vorwarnung vom sowjetischen Außenminister Molotov mitgeteilt: „wenn die estnische Regierung nicht fähig ist, in ihren Hoheitsgewässern Neutralität zu garantieren, dann übernimmt die baltische Flotte der Sowjetunion deren Schutz."[183] Unter dem Vorwand, sich bedroht zu fühlen, drang die sowjetische Flotte noch am Abend des gleichen Tages in die estnischen Hoheitsgewässer ein. Ohne dieses Vorgehen mit der estnischen Regierung abgesprochen oder genauere Details über den Vorfall in Erfahrung gebracht zu haben, sicherte die baltische Flotte der Sowjetunion den Finnischen Meerbusen bis zum Baltischen Meer ab. Estland war nun also von der See her durch die Sowjetunion isoliert. Eine Verteidigung wäre nur durch Anwendung von Waffengewalt möglich gewesen.[184] Doch war bis zu dem Zeitpunkt noch keine Mobilmachung von der Regierung befohlen worden.

---

[183] Selter, Kaarel: Eesti välisministrina Moskvas. In: Eesti Riik ja rahvas teises maailmasõjas. Bd. 2. Hg. v. R. Maasing. Stockholm 1955, Seite 39. Im Folgenden zitiert als: Selter: Välisministrina.
[184] Vgl. Selter: Välisministrina, Seite 39.

Noch zwei Tage zuvor hatte die Sowjetunion nach dem Überfall auf Polen das Versprechen an seine Nachbarstaaten gerichtet, dass sich die Geschehnisse in Polen in keiner Weise auf die Einstellung der Sowjetunion gegenüber den anderen Nachbarstaaten auswirken würden. Davon war nunmehr wenig zu spüren. „Die sowjetische Flotte präsentierte sich so demonstrativ in den estnischen Hoheitsgewässern, das niemand mehr daran zweifelte, wer hier der unbestrittene Hausherr ist"[185] Auch der estnische Luftraum wurde fortan in ähnlicher Weise verletzt.[186]

Statt einer Mobilmachung wollte die estnische Regierung die Verhandlungen um die Erneuerung des Handelsabkommens mit der Sowjetunion als Gelegenheit für einen direkten Meinungsaustausch nutzen. Außenminister Selter war aus diesem Grund am 23. September selbst nach Moskau gefahren. Er und der estnische Gesandte August Rei wurden direkt nach dessen Ankunft am folgenden Abend im Kreml von Molotov und dem Außenhandelskommissar Anastas Mikojan empfangen. Nach einem kurzen Gespräch über die Handelsbeziehungen wurde Molotov der estnischen Gesandtschaft gegenüber jedoch deutlich:

> „Die Handelsbeziehungen sind soweit in Ordnung und der neue Handelsvertrag, zu dessen Unterzeichnung die Sowjetunion Sie gebeten hat, Moskau zu besuchen, ist fertig, allerdings sind die politischen Beziehungen zwischen der Sowjetunion und Estland nicht in Ordnung, sie sind schlecht."[187]

Molotov warf der estnischen Regierung anhand des zuvor erwähnten Vorfalls, der Flucht des U-Boots „Orzel", vor, dass sie sich zu wenig um die Sicherheit der Sowjetunion kümmere. Solche Vorkommnisse, egal ob sie aus Absicht oder aus Unvermögen geschehen, gefährden die Sowjetunion. Um diesen Zustand zu ändern, verlangte die Sowjetunion von der estnischen Regierung ein Militärbündnis oder einen Beistandspakt, der zugleich der Sowjetunion das Recht einräume, auf dem estnischen Territorium Militärstützpunkte für Marine und Luftwaffe zu errichten.[188] Die estnischen Gesandten wandten daraufhin ein, dass sie ihre Neutralität bewahren und kein Militärbündnis mit einer Großmacht eingehen wollten, weil dies die Souveränität des Staates beeinträchtigen würde. Molotov wurde daraufhin deutlicher und betonte den

---

[185] Selter: Välisministrina, Seite 39.
[186] Vgl. Selter: Välisministrina, Seite 39.
[187] Varma, Aleksander: Läbirääkimised Moskvas ja Tallinnas. In: Eesti Riik ja rahvas teises maailmasõjas. Bd. 2. Hg. v. R. Maasing. Stockholm 1955, S. 56–76, Seite 57. Im Folgenden zitiert als: Varma: Läbirääkimised. Aleksander Varma veröffentlicht in seinem Bericht die Protokolle der Verhandlungen in Moskau und Tallinn. Unwesentliche Teile kürzt er aus den Protokollen.
[188] Vgl. Varma: Läbirääkimised, Seite 57.

Gesandten gegenüber, dass der Status quo, der vor 20 Jahren geschaffen wurde, als die Sowjetunion vom Bürgerkrieg geschwächt war, nicht mehr so bleiben könne:

> „Die Sowjetunion ist sowohl wirtschaftlich, kulturell als auch militärisch gewachsen und sie braucht die Möglichkeit, das Verteidigungssystem zu vergrößern, darunter auch einen Zugang ins Baltische Meer. Wenn [Estland] nicht bereit ist, mit [der Sowjetunion] einen Beistandspakt zu schließen, dann brauchen wir, um unsere Sicherheit zu gewährleisten andere Wege, vielleicht härtere, vielleicht schwerere. Ich bitte Sie, zwingt uns nicht, Gewalt gegen Estland anwenden zu müssen."[189]

Am Ende der Sitzung drohte der sowjetische Außenminister den Gesandten erneut: „Sie sollten den Wünschen der Sowjetunion entgegenkommen, um Schlimmeres zu vermeiden" und warnte die Gesandten, „die Sowjetunion nicht dazu zu zwingen, Gewalt anzuwenden."[190] Die Sitzung endete um 22:15 Uhr Ortszeit, doch noch am gleichen Abend wurden die Gesandten wiederum in den Kreml gerufen - ein Vorgang, der der Dringlichkeit der Angelegenheit nochmals Ausdruck verleihen sollte. Molotov überreichte den Gesandten einen Entwurf des Beistandspaktes und eines Zusatzprotokolls, in dem versichert wird, dass die Sowjetunion Estland weder zum Kommunismus bewegen, noch in irgendeiner Weise die estnische Souveränität und Unabhängigkeit angreifen wolle. Die gesamte gesellschaftliche und politische Ordnung […] solle unverändert die estnische innere Angelegenheit bleiben."[191] Neben der Ratifizierung des Vertrags forderte die Sowjetunion die Erlaubnis, Stützpunkte an der estnischen Küste zu errichten, um so die Sicherheit der Sowjetunion zu gewährleisten. Als bevorzugte Orte für die Stützpunkte nannte die sowjetische Führung Tallinn, Paldiski und Pärnu.

Außenminister Selter verlangte, erst mit seiner Regierung Rücksprache halten zu dürfen. Molotov räumte ihm dafür eine Frist von drei bis vier Tagen ein. In diesen Tagen verlieh die Sowjetunion ihren Forderungen insofern Nachdruck, dass sie mehrfach den estnischen Luftraum verletzte.[192] Dazu hatte die Sowjetunion bereits in der zweiten Septemberhälfte 160.000 Mann, 700 Geschütze, 600 Panzer und 600 Flugzeuge an der estnischen Grenze konzentriert, zehnmal mehr, als die gesamte

---

[189] Varma: Läbirääkimised, Seite 59.
[190] Vgl. Varma: Läbirääkimised, Seite 58-60.
[191] Varma: Läbirääkimised, Seite 62.
[192] Vgl. Myllyniemi: Baltische Krise, Seite 59. Myllyniemi schreibt, dass am 24. September 13 Maschinen die Inseln Saaremaa und Hiiumaa überflogen hätten, am 25. zwei Maschinen, welche die Eisenbahnstrecke beobachteten, wahrscheinlich um zu klären, ob die Mobilmachung im Gange sei.

wehrpflichtige Armee Estlands.[193] Dies führte die estnische Regierung nach längerer Beratung zu dem Beschluss, grundsätzlich die sowjetischen Forderungen anzunehmen, um einem bewaffneten Konflikt zu entgehen. Allerdings sollte nur ein Stützpunkt auf dem Festland und auf keinen Fall in der Hauptstadt Tallinn errichtet werden.[194]

Am 27. September kehrte Selter in Begleitung des Parlamentsvorsitzenden und Juristen Jüri Uluots und des Völkerrechtslehrers Professor Ants Piip nach Moskau zurück. Zu Beginn der erneuten Verhandlungen setzte der sowjetische Außenminister Molotov die Delegation in Kenntnis, dass „soeben" eine TASS-Meldung über die Torpedierung des sowjetischen Dampfers „Metallist" in der Nähe von Narva eingegangen sei. Außerdem seien am Vorabend bei Luuga die Periskope zweier U-Boote gesichtet worden. Es handle sich dabei um „Tatsachen", welche die gesamte Situation verändern.[195] Die Sowjetunion fordere in Anbetracht dieser veränderten Lage zusätzlich „die Besetzung von verschiedenen Verkehrsknotenpunkten im Inneren Estlands und die Übergabe der Polizeigewalt über weite Gebiete, insbesondere an der Küste."[196]

Diese Tatsachen, so urteilt Boris Meissner, seien jedoch „offenbar frei erfunden […] und völlig außerhalb jeder internationalen Kontrollmöglichkeit" gewesen.[197] Stalin hatte dennoch bezüglich der Orte, an welchen die zukünftigen Stützpunkte entstehen sollten, nachgegeben und damit einen Vertragsabschluss im Rahmen der Richtlinien der estnischen Regierung ermöglicht. Dies sei, so Meissner, nur dem Umstand zu verdanken, dass von Ribbentrop zeitgleich in Moskau weilte und in die sowjetische Forderung bezüglich Litauen eingewilligt hatte.[198]

Am Abend des 28. September kam der Abschluss des Beistandspaktes für zehn, und falls keine der Parteien diesen kündigen würde, für weitere fünf Jahre zustande. Die genauen Orte für die Stützpunkte und Flugplätze sollten bei einem weiteren Treffen in Tallinn festgelegt werden. Warum der Vertrag von estnischer Seite angenommen wurde und Estland somit offiziell und freiwillig einen Pakt mit der Sowjetunion einging, hängt wahrscheinlich mit der Erklärung zu Beginn des Vertrages zusammen: Hier wird

---

[193] Nach Myllyniemi bestand die estnische Armee zu dem Zeitpunkt aus 16.000 Mann, 100 Geschützen, 30 Panzern und 60 Schulflugzeugen oder veralteten Kampfmaschinen. Vgl. Myllyniemi: Baltische Krise, Seite 59.
[194] Vgl. Meissner, Boris: Die Beziehungen zwischen der Sowjetunion und den baltischen Staaten von der deutsch-sowjetischen Interessensabgrenzung aufgrund des Molotow-Ribbentrop-Pakts bis zum sowjetischen Ultimatum (1954). In: Die baltischen Staaten im weltpolitischen und völkerrechtlichen Wandel. Beiträge, 1954-1994 (Bibliotheca Baltica). Hg. v. B. Meissner. Hamburg 1995, S. 19–52, Seite 27. Im Folgenden zitiert als: Meissner: Beziehungen.
[195] Vgl. Varma: Läbirääkimised, Seite 65.
[196] Meissner: Beziehungen, Seite 28.
[197] Meissner: Beziehungen, Seite 28.
[198] Vgl. Meissner: Beziehungen, Seite 28.

nochmals festgelegt, dass „der Friedensvertrag vom 2. Februar 1920 und der Vertrag über Nichtangriff und friedliche Streitschlichtung vom 4. Mai 1932 auch weiterhin die feste Grundlage ihrer gegenseitigen Beziehungen und Verpflichtungen bilden."[199] Bei dieser Formulierung handelt es sich somit auch um die Bestätigung des Friedens von Tartu vom 2. Februar 1920, in welchem die Sowjetunion ausdrücklich die estnische Unabhängigkeit auf alle Zeiten anerkannt hatte. Die estnische Delegation, darunter der Jurist Uluots und der Völkerrechtler Piip, welche bereits 1920 aktiv bei der Entstehung des Vertrags von Tartu mitgewirkt hatten, hat diese Formulierung sicherlich gut überlegt an den Beginn des neuen Vertrages gesetzt. Mit der Ratifizierung des Vertrags bestätigte die sowjetische Seite ihrerseits nochmals den Vertrag von Tartu von 1920.

In Artikel V. wurde zudem festgelegt, dass die Souveränität Estlands ausdrücklich garantiert und nicht beeinträchtigt werden dürfe. Im Zusatzprotokoll wurde vereinbart, dass die Stützpunkte von sowjetischer Seite nur während des Krieges besetzt werden dürfen.[200]

Der Vertragsabschluss gab der Sowjetunion das Recht, im anhaltenden Kriegszustand auf estnischem Territorium Stützpunkte zu errichten. Mit viel Druck erreichte die Sowjetunion dieses Zugeständnis auf legaler Ebene. Jedoch hätte die estnische Führung sich auch weigern können, diesen Vertrag zu unterschreiben. Dann hätte die Sowjetunion nur die Möglichkeit einer völkerrechtlich nicht legalen militärischen Aktion gehabt, was in der internationalen Außenpolitik Entsetzen hervorgerufen hätte. Durch den Vertrag versuchte die Sowjetunion ihr Vorgehen zu legalisieren, gleichzeitig erkannte sie aber erneut Estlands Unabhängigkeit auf alle Zeiten an. Die Verletzung der estnischen Unabhängigkeit, wie sie danach erfolgte, stellt somit nicht nur einen Vertragsbruch des 20 Jahre zuvor ratifizierten Friedens von Tartu, sondern auch des neu unterzeichneten Beistandspaktes dar.

---

[199] Zitiert bei: Meissner: Beziehungen, Seite 29.
[200] Vgl. Meissner: Beziehungen, Seite 28. Sowohl der Beistandspakt als auch das Geheime Zusatzprotokoll sind bei Meissner zitiert. Vgl. Meissner: Beziehungen, Seite 29-33.

4.2. Verhandlungen bezüglich der militärischen Stützpunkte

Die im Vertrag vereinbarten Verhandlungen bezüglich der genauen Dislozierung der Stützpunkte begannen bereits am 2. Oktober 1939 in Tallinn.
Während der Verhandlungen in Moskau hatte man sich auf höchstens 25.000 Mann starke Sowjettruppen geeinigt. Außerdem war man überein gekommen, Stützpunkte auf den Inseln und in Paldiski zu errichten. Der Sowjetunion wurde außerdem das Recht eingeräumt, den Tallinner Hafen nutzen zu können. Bei den Verhandlungen im Oktober stellten die Sowjets wieder andere Forderungen. Der sowjetische Armeekommandeur Meretskov trug zu Beginn der Verhandlungen den Stationierungsplan der Sowjettruppen vor und verlangte, zum Schutz der Stützpunkte Truppen auf den Inseln, in Paldiski und zusätzlich auf dem Festland im Bezirk von Haapsalu zu stationieren. Außerdem wollte er eine Panzerbrigade im Bezirk Paide und eine Kavalleriebrigade mit einem dazugehörigen motorisierten Regiment in Valga. Zudem sollten zu deren Schutz auf den Flugplätzen auf dem Festland vier Flugregimente stationiert werden. Mit dem Hinweis, dass diese Punkte im Beistandspakt so nicht vereinbart worden seien, lehnten Uluots und Selter die Forderungen ab.[201]
Am folgenden Tag eröffnete Admiral Issakov die Sitzung mit seinen Forderungen bezüglich der Flottenstützpunkte. Er wollte neben den im Beistandspakt der Sowjetunion zugesprochenen Stützpunkten zusätzlich provisorische Stützpunkte in Tallinn und Rohuküla. Für den Schutz der Stützpunkte wies er auf die Truppenforderungen der sowjetischen Delegation am Vortag hin. Die estnische Delegation berief sich erneut auf die Vereinbarungen im Beistandspakt, in welchen von Rohuküla nie die Rede gewesen war.[202]
An diesem Tag kam man wieder auf die Luftwaffe zu sprechen. Nachdem die Esten auch hier auf den Vertrag verwiesen und darauf bestanden, dass sowjetische Flugplätze nur auf den Inseln und in Paldiski entstehen dürften, konterte die sowjetische Seite, dass dies schon allein aus strategischen Gründen nicht möglich sei. Man verlangte, zumindest die Bomber auf dem Festland zu stationieren. Da man in diesen Fragen nicht weiterkam, wurde die Sitzung abgebrochen und auf den folgenden Tag verschoben. Die estnische Delegation nutzte diese Gelegenheit, die Lage mit der Regierung zu

---
[201] Vgl. Maasing: Läbirääkimised 1939.a.oktoobris, Seite 52. Und Varma: Läbirääkimised, Seite 72.
[202] Vgl. Maasing: Läbirääkimised 1939.a.oktoobris, Seite 52.

besprechen. Man kam überein, nur Kompromisse einzugehen, die sich im Rahmen des Beistandspakts befänden. Eine dementsprechende Mitteilung der Regierung sollte Oberst Maasing bei den Verhandlungen am folgenden Tag verlesen.[203] Zusätzlich sollte der estnische Gesandte Rei in Moskau Molotov auf die übertriebenen Forderungen der sowjetischen Delegation aufmerksam machen.[204]

Am folgenden Verhandlungstag teilte die sowjetische Delegation nach dem Verlesen der Mitteilung durch Maasing und den darauffolgenden Gesprächen mit, dass sich für sie die Frage stelle, ob es überhaupt noch Sinn mache, in Tallinn zu bleiben. Es kam danach zu scharfen und direkten Drohungen von einigen Mitgliedern der sowjetischen Delegation. Man warf den Esten vor, den Pakt sabotieren zu wollen und der Kommandeur der sowjetischen Panzertruppen Pavlov äußerte sogar, „dass die Sowjetunion gezwungen ist, den Pakt mit anderen Mitteln zu verwirklichen."[205] Daraufhin wurde die Sitzung ohne Ergebnis beendet und sollte am Nachmittag unter dem Vorsitz des Außenministers Selter fortgesetzt werden.[206] Oberst Maasing, der die estnische Auffassung oft vehement vertreten hatte, nahm, nachdem sich Meretskov über ihn und seine antisowjetische Haltung beim verhandlungsführenden General Reek beschwert hatte, an den folgenden Sitzungen nicht mehr teil. Er floh noch im gleichen Monat überraschend nach Deutschland.[207]

Selter konnte an diesem Nachmittag festhalten, dass sich die sowjetische Delegation bereit erklärt hatte, auf die Stützpunkte Valga und Paide zu verzichten. Diese Zugeständnisse bildeten die Voraussetzung für ein Resultat, mit dem beide Parteien zufrieden sein konnten. Die Gespräche entspannten sich und die estnische Regierung kam der sowjetischen Forderung einer Dislokalisierung der Truppenstandorte entgegen. General Reek versprach, bis zum nächsten Tag einen Plan auszuarbeiten, mit dem auch die estnische Regierung zufrieden sei. Am folgenden Tag erklärte sich die estnische Delegation einverstanden, die Stationierung von sowjetischen Truppen im Bezirk Haapsalu samt dem Hafen Rohuküla zuzulassen. Diese Einigung wurde im Protokoll festgehalten und die nächste Sitzung für den 7. Oktober festgesetzt. Da die Mehrheit der

---

[203] Maasing fasst die in der Mitteilung erhaltenen Forderungen und Zugeständnisse (z.B., dass Estland bereit war, eine eigene Kavalleriebrigade mit einem dazugehörenden motorisierten Regiment in Valga zum Schutz der Stützpunkte den Sowjets zur Verfügung zu stellen) in seinen Memoiren zusammen. Vgl. Maasing: Läbirääkimised 1939.a. oktoobris, Seite 53.
[204] Vgl. Varma: Läbirääkimised, Seite 73.
[205] Maasing: Läbirääkimised 1939.a. oktoobris, Seite 54.
[206] Vgl. Varma: Läbirääkimised, Seite 73-74 und Maasing: Läbirääkimised 1939.a. oktoobris, Seite 53-54.
[207] Vgl. Myllyniemi: Baltische Krise, Seite 63.

Delegationsmitglieder an diesem Tag zu Inspektionen der Gebiete fuhr, fiel dieser Termin aus und wurde am 9. Oktober nachgeholt. Auch diese Sitzung verlief ruhig und der sowjetischen Forderung nach Flugplätzen für Bomber auf dem Festland wurde nachgegeben. Diese sollten nun auf den Landgütern Kuusiku und Kehtna entstehen. Das Protokoll wurde am folgenden Tag unterschrieben.[208]

Aleksander Varma hält in seinem Protokoll allerdings auch die inoffizielle Aussage Mereskovs bei einem Festessen am Abend des 5. Oktober fest. Während des Essens hatte dieser betont, dass die „Sowjetunion mehr als jeder andere die Souveränität der Kleinstaaten achte" und „dass sich genau darin Stalins Klugheit und sein Verdienst zeige." Nach dem Essen habe er dann offener gesprochen. Die Esten hatten ihn nochmals bezüglich Stalins Sympathien angesprochen, worauf Meretskov geantwortet habe:

> „Wir haben nun in allen wesentlichen Fragen eine Lösung gefunden. Es gibt keinen Grund zu verbergen, dass wir Soldaten die Sache viel einfacher durchbringen wollten – Einmarschieren mit der Roten Armee, ohne langes Reden. Stalin meinte aber, es gehöre sich nicht, ein kleines Volk anzugreifen. Die Dinge lassen sich auch auf einem anderen Weg lösen."[209]

Ob diese Aussage dazu beigetragen hat, dass es in den weiteren Sitzungen zu keinen nennenswerten Meinungsverschiedenheiten mehr kam, kann nur gemutmaßt werden. Die Motive der Sowjetunion gegenüber Estland werden durch diese Worte dennoch sehr klar. Die Ereignisse im darauffolgenden Juni zeigen, dass Stalins Pläne in Estland auch nach dem Einmarsch der ersten sowjetischen Truppen am 18. Oktober noch lange nicht abgeschlossen waren.

---

[208] Vgl. Varma: Läbirääkimised, Seite 75-76.
[209] Varma: Läbirääkimised, Seite 76.

4.3. Einmarsch der Roten Armee im Oktober 1939 und Probleme in Zusammenhang mit den Stützpunkten

Die Besetzung der im Vertrag vereinbarten und durch das zuletzt erwähnte Protokoll genau definierten Stützpunkte verlief ohne Zwischenfälle. Die Meinungen bezüglich des Beistandspakts und der Stützpunkte waren seit Ende September in Estland gespalten. Eine Seite, wie zum Beispiel Präsident Päts, sah die Sache optimistisch und war davon überzeugt, in ihrer Eigenstaatlichkeit nicht eingeschränkt zu werden. Das Recht auf diesen Optimismus gab ihnen die im Beistandspakt enthaltene erneute Bestätigung der estnischen Unabhängigkeit auf alle Zeiten. Andere Teile der Bevölkerung waren hingegen von Anfang an pessimistisch. So berichtete der britische Konsul Galliene dem Foreign Office, dass die „informierte Meinung" den künftigen Gang der Ereignisse wie folgt sieht:

> „1)Wenn die Rote Armee die strategisch wichtigen Punkte in Estland besetzt hat, wird sie einen Vorfall nutzen oder einen Vorfall provozieren und die Rote Armee wird sofort ganz Estland besetzen; 2) die örtlichen Kommunisten werden instruiert, wirkliche Vorfälle entstehen zu lassen, welche möglichst viele Einschränkungen hervorrufen. Die Rote Armee kommt dann dazwischen als Gesetzes- und Ordnungshüter und baut ein kommunistisches Regime auf. 3) Die estnische Regierung bricht zusammen und die neue Regierung beschließt, die Sowjetunion um Estlands Aufnahme in das Sowjetsystem zu bitten. 4) [zwar verläuft die derzeitige Besetzung der Stützpunkte] im Rahmen des Vertrags, doch das langfristige Ziel ist die Bolschewisierung des Volkes."[210]

Ebenso geteilt wie die Meinungen der Esten bezüglich der Stützpunkte und sowjetischen Intentionen waren, so zwiespältig war auch die Politik der Sowjets in Estland selbst. In den ersten Monaten waren die Sowjets damit beschäftigt, ihre Stützpunkte zu errichten. Dabei hielt man sich streng an die Vorgaben der am 23. Oktober von Molotov an die sowjetischen Diplomaten ergangene Weisung und war stets darauf bedacht, die estnische Unabhängigkeit in keiner Weise in Frage zu stellen. Die Weisung Molotovs vom 23. Oktober sah wie folgt aus:

> „1) Treffen von Schiffsbesatzungen und Landtruppen mit Arbeitern und anderen estnischen Delegationen [sind] nicht zu gestatten;
> 2) [Außenminister Piip sei von Molotov] zu empfehlen, am 7. November [zum Jahrestag der Oktoberrevolution] kein Festkonzert mit Reden zu veranstalten, da ein solches Konzert von linken Arbeitern Estlands als Zeichen des für sie wünschenswerten Drucks der UdSSR auf die Innenpolitik ausgelegt werden könnte, was entscheidend dem Prinzip der Nichteinmischung in die Angelegenheiten Estlands widersprechen würde.

---

[210] Ilmjärv: NL ja Saksamaa vahel, Seite 85.

3) [Molotov untersage] kategorisch, sich in den Kampf der Gruppierungen in Estland einzumischen, von ihnen wie von den Gewerkschaften irgendwelche Delegationen zu empfangen usw.
4) [Außerdem sei] jede Art von Gesprächen über die Sowjetisierung Estlands zu unterbinden [...]"[211]

Seppo Myllyniemi bestätigt, dass sich die Sowjets sehr penibel an diese Vorgaben gehalten haben. Er erwähnt auch Vorfälle, in welchen die Sowjets Annäherungsversuche der estnischen Linken zurückwiesen. In Lettland seien sogar lettische Kommunisten, die für den sowjetischen Nachrichtendienst gearbeitet hatten, von den Sowjets denunziert worden. Auch das Verhalten der Truppen an den Stützpunkten sei, so Myllyniemi, vorbildlich gewesen. Jeglicher Kontakt zur einheimischen Bevölkerung sei vermieden worden.[212]

Diesem Verhalten steht allerdings jenes überhebliche bei den Verhandlungen im Oktober gegenüber. Einige Aussagen hatten bereits zu jenem Zeitpunkt die Vermutung aufkommen lassen, dass die Sowjets Estland bereits damals als ihr eigenes Territorium betrachtet hatten. So haben laut Myllyniemi bei den Inspektionen einige Sowjets auf den estnischen Hinweis, dass das Gebiet nicht dem im Vertrag vereinbarten Gebiet entspreche, geantwortet, dass „die Sache in Moskau beschlossen sei und daß, soweit sie wüßten, die ganze baltische Küste bis nach Königsberg zur Sowjetunion gehöre."[213] Weitere diesbezügliche Aussagen wurden bereits im vorangegangenen Kapitel zitiert. Dass in Lettland 1941, nachdem die Deutschen die Sowjets aus dem Baltikum vertrieben hatten, Karten der Roten Armee aus dem Jahrs 1939 gefunden wurden, in denen Lettland und Litauen bereits als Sowjetrepubliken ausgewiesen waren, ist ein klarer Hinweis auf die eigentlichen Ziele, welche die Sowjetunion bereits 1939 hatte – die Sowjetisierung der Staaten.[214]

Stalin ließ sich jedoch im Gegensatz zu Deutschland mehr Zeit, die ihm zugeteilten Interessenssphären ganz zu beanspruchen und so blieben die ersten Monate der Stützpunktperiode in Estland und auch in den beiden anderen Staaten, die wenig später nach estnischem Vorbild einen Beistandspakt unterzeichnet hatten, verhältnismäßig ruhig. Dies bedeutete aber nicht, dass es keine Probleme gab.

Eines dieser Probleme für Estland und auch seine Nachbarstaaten stellte wiederum die sowjetische Taktik dar. Zwar waren die Verhandlungen über die Stützpunkte bereits im

---

[211] Gräfe, Karl Heinz: Vom Donnerkreuz zum Hakenkreuz. Die baltischen Staaten zwischen Diktatur und Okkupation. Berlin 2010, Seite 91. Im Folgenden zitiert als: Gräfe: Hakenkreuz.
[212] Vgl. Myllyniemi: Baltische Krise, Seite 78-79.
[213] Myllyniemi: Baltische Krise, Seite 80.
[214] Vgl. Myllyniemi: Baltische Krise, Seite 80.

Oktober abgeschlossen, dennoch wurden während der Besatzungszeit weiterhin Forderungen der Sowjets laut. Diese verlangten zum einen für die Befestigungsarbeiten zusätzliche 8.000 – 9.000 sowjetische und später zusätzliche 10.000 estnische Arbeiter. Außerdem waren sie der Ansicht, dass die Mannschaften der Flotte nicht zur Zahl der Stützpunkttruppen gezählt werden dürften, da sie sich ja nie fest an einem Ort befänden. Auch nach dem Vertrag vom Oktober fanden auf Verlangen der Sowjets weitere Veränderungen der Orte für die Stützpunkte statt.

Was für die Esten aber noch schlimmer gewesen sein muss, war das Nichteinhalten der vereinbarten Luftkorridore über dem estnischen Hoheitsgebiet. Es gab, so Myllyniemi, Vorfälle, bei welchen die Sowjets über Männiku geflogen seien, ein Ort, unweit von Tallinn, in welchem sich die Munitionslager der estnischen Infanterie und Artillerie befanden. Das Gebiet galt auch für die Esten als verbotene Flugzone.

Argwohn machte sich nicht nur in Estland, sondern auch in den anderen baltischen Staaten bezüglich der im Beistandspakt vereinbarten Waffenlieferungen der Sowjets breit. Einer estnischen Militärdelegation, die nach Moskau gereist war, um über den Ankauf von Waffen zu verhandeln, wurde im Dezember 1939 mitgeteilt, man würde „die Sache in Erwägung ziehen."[215] Lettland erhielt zwar die bestellten Panzer, jedoch ohne passende Munition. Von Litauens Bestellung von Kampfflugzeugen und Feldartillerie im Februar 1940 war bis Juni nichts zu hören.[216]

Sehr schwierig stellte sich zudem die Situation gerade für Estland während des finnischen Winterkrieges dar.

4.4. Estlands außenpolitische Situation im finnisch-sowjetischen Winterkrieg

Die Sowjetunion hatte versucht, wie zuvor mit den baltischen Staaten mit Finnland einen ähnlichen Beistandspakt auszuarbeiten, um im Zuge dessen auch dort eigene Stützpunkte errichten zu können. Nachdem die finnische Regierung die sowjetischen Vorschläge abgelehnt hatte, griff die Sowjetunion ihren westlichen Nachbarn am 30. November 1939 an und eröffnete damit den finnischen Winterkrieg. Diese Ereignisse in Finnland betrafen in vielen Belangen auch den estnischen Staat.

---

[215] Zitiert bei: Myllyniemi: Baltische Krise, Seite 113.
[216] Vgl. Myllyniemi: Baltische Krise, Seite 110-113.

Noch Ende Januar 1939 hatte General Laidoner während seines Besuchs in Helsinki an Feierlichkeiten der finnischen Freiwilligen, die im estnischen Unabhängigkeitskrieg gekämpft hatten, teilgenommen und in einer Rede an die Taten der Freiwilligen erinnert. Zugleich hatte der General versprochen, „falls das Schicksal es verlangen sollte, werde Estland an Finnlands Seite kämpfen."[217] Dass Finnland genau diese Hilfe noch im gleichen Jahr benötigen würde, Estland aber auf Grund seiner Neutralität und seines Beistandspaktes mit der Sowjetunion hilflos dabei zusehen musste, wie sowjetische Bomber vom estnischen Festland aus zu Angriffen ins benachbarte Finnland flogen, konnte Laidoner zu jenem Zeitpunkt nicht ahnen.

Auf Grund der Neutralitätserklärung war es Estland verboten, Finnland jegliche Hilfe zukommen zu lassen. Auf offizieller Ebene hielt man diese Neutralität streng ein, erklärte sich dem Konflikt gegenüber neutral und beschloss gemeinsam mit Lettland und Litauen, sich auch bei der Abstimmung über einen Ausschluss der Sowjetunion aus dem Völkerbund der Stimme zu enthalten.[218] Auch war es Esten von offizieller Seite verboten, freiwillig nach Finnland zu gehen und für die finnische Sache zu kämpfen.[219] Dennoch war die Meinung in der Bevölkerung Finnland gegenüber wohlgesonnen. Der finnische Gesandte Hynninen schrieb beispielsweise aus Estland: „Das eigentliche Volk, die Mittelklasse einbegriffen, empfindet für das kämpfende Finnland warmes Mitgefühl."[220] Auch in der estnischen Presse hatten die Ereignisse in Finnland einen hohen Stellenwert. Teilweise berichteten die Zeitungen erst über die Ereignisse in Finnland und dann erst über die sowjetischen Neuigkeiten.[221]

In Estland und auch den beiden anderen baltischen Staaten war man über den Ausbruch des Krieges schockiert. Über die endgültigen Ziele der Sowjetunion wurde man sich spätestens jetzt klar und hoffte nun umso mehr, dass die Entscheidung in Finnland so weit hinausgeschoben werde, bis entweder Deutschland oder Großbritannien zu Hilfe kämen, um die eigene Unabhängigkeit zu sichern. Positiv wirkte sich diese Erkenntnis auf die Zusammenarbeit der drei baltischen Staaten aus, welche sich gerade in der Zeit des Winterkriegs zu zahlreichen Konferenzen trafen. Die Zusammenarbeit der Staaten sollte vor allem auf wirtschaftlicher Ebene ausgebaut und eine gemeinsame Linie gefunden werden, um sich gegen den wirtschaftlichen Druck Deutschlands zu wehren. Außerdem besprach man ein gemeinsames außenpolitisches Verhalten gegenüber dem

---

[217] Ilmjärv: Hääletu alistumine, Seite 347.
[218] Vgl. Myllyniemi: Baltische Krise, Seite 91.
[219] Vgl. Ilmjärv: NL ja Saksamaa vahel, Seite 117.
[220] Zitiert bei: Myllyniemi: Baltische Krise, Seite 91.
[221] Vgl. Myllyniemi: Baltische Krise, Seite 91.

andauernden Krieg in Finnland und erwog eine engere Militärkooperation sowie ein einstimmiges Waffensystem.[222] Diese Überlegungen kamen jedoch bereits zu spät, denn die Sowjets hatten mit den einzelnen baltischen Staaten jeweils einen Beistandspakt geschlossen und verfügten bereits über legale Stützpunkte in den Ländern. Ein direkt gegen die Sowjetunion gerichtetes Militärabkommen der Staaten wäre ein Vertragsbruch gewesen, auf den Stalin sofort in Form eines Angriffs auf die Staaten reagiert hätte.

Estland konnte jedoch nichts gegen den täglichen Vertragsbruch der Sowjets tun. Und so nutzten die sowjetischen Streitkräfte, anders als im Vertrag vereinbart, die Stützpunkte nicht für Angriffe gegen eine angreifende Großmacht, sondern gegen einen dritten Staat, Finnland, und flogen im Schnitt zwischen 300 und 400 Einsätze pro Tag von den estnischen Stützpunkten aus. Die unterschiedlichen Folgen dieser Einsätze betrafen auch Estland. Zwischen dem 19. Dezember 1939 und dem 27. März 1940 kam es zu insgesamt 87 Notlandungen sowjetischer Flugzeuge, bei welchen insgesamt 13 Piloten starben. Im Falle einer Notlandung gewährte der estnische Militärstab den Sowjets die Nutzung der eigenen Flughäfen und verpflichtete sich außerdem, den Fliegern jede mögliche Hilfe zu leisten. Magnus Ilmjärv führt die vielen Notlandungen und auch die zahlreichen versehentlich über estnischem Hoheitsgebiet abgeworfenen Bomben auf die schlechte Ausbildung der sowjetischen Piloten zurück.[223]

Der schwerste Zwischenfall geschah am 2. Februar 1940, als ein im Tallinner Hafen liegendes sowjetisches Kriegsschiff das Feuer auf ein über der Stadt fliegendes estnisches Militärflugzeug eröffnete. Es verfehlte zwar sein Ziel, zerstörte aber einige Häuser der estnischen Hauptstadt. Eine Zivilistin wurde bei dem Zwischenfall schwer verletzt. Zwölfmal bombardierten die sowjetischen Streitkräfte zwischen dem 1. Dezember 1939 und dem 11. März 1940 Estland und es fielen insgesamt 75 Bomben auf estnisches Territorium. Nicht selten wurden solche Zwischenfälle von der Sowjetregierung abgestritten und öffentlich als finnische Angriffe deklariert. Spätere Untersuchungen konnten jedoch beweisen, dass es sich zweifellos um sowjetische Bomben gehandelt hat.[224]

Finnland verlangte bereits zu Beginn des Krieges mehrfach, Estland solle der Sowjetunion die Nutzung der Stützpunkte für Angriffe auf ihr Land untersagen. Man war nicht damit einverstanden, dass die Sowjetunion von estnischem Hoheitsgebiet aus

---

[222] Vgl. Crowe: The Baltic states, Seite 137.
[223] Vgl. Ilmjärv: NL ja Saksamaa vahel, Seite 110.
[224] Vgl. Crowe: The Baltic States, Seite 139. Sowie vgl. Ilmjärv: NL ja Saksamaa vahel, Seite 110-111.

Angriffe gegen Finnland flog und drohte, selbst das estnische Hoheitsgebiet anzugreifen, sollte sich die Situation nicht ändern. Die offizielle Note vom 25. Dezember 1939 wurde an die sowjetischen Vertreter weitergegeben. Am folgenden Tag erging eine für Finnland ernüchternde Note Estlands an Finnland, aus der hervorging, dass sich vorerst nichts ändern würde. Bombenangriffe zweier finnischer Bomber auf die estnische Insel Vaindloo waren die Folge. Erst nach dem zuvor beschriebenen Vorfall in Tallinn am 2. Februar entschied der estnische Außenminister Piip, in Moskau gegen die Notlandungen und Bombardierungen Protest einzureichen. Im Protest selbst kam das Wort Finnland aber nicht vor. Das estnische Verhalten kann mit der Angst vor der sowjetischen Reaktion begründet werden. Der Protest selbst erreichte zudem keine wesentlichen Veränderungen.[225]

Auf offizieller Ebene verhielt sich Estland Finnland gegenüber neutral und erklärte diese Neutralität auch strikt. Dennoch gab es einige Esten, welche die Rettung der eigenen Unabhängigkeit in einem Sieg der finnischen Armee gegen die Sowjets an der finnisch-sowjetischen Grenze sahen. Von den finnischen Aufrufen vor allem durch gezielte estnischsprachige Radiosendungen fühlten sich zahlreiche Esten ermutigt, nach Finnland zu fahren, um an der finnischen Seite für die Freiheit zu kämpfen. Viele machten sich mit Hilfe von Fischerbooten auf den Weg über den Finnischen Meerbusen, andere erreichten Finnland über Riga und Schweden. Die ersten Freiwilligen kamen schon Anfang Dezember an. Für Estland war diese Tatsache, die auch den Sowjets nicht verborgen blieb, sehr unangenehm, so dass bald strenge Regeln erlassen wurden, welche die Überfahrt nach Finnland verhindern sollten. Von offizieller Seite Estlands wurden Angaben von 2.000 oder mehr Freiwilligen, wie sie beispielsweise die britische Nachrichtenagentur BBC verbreitete, heftig dementiert, so dass schwer zu sagen ist, wie viele Freiwillige sich tatsächlich in Finnland aufhielten.[226] In der internationalen Brigade „Sisu" kämpften laut Namensverzeichnis 58 Esten, die jedoch mit hoher Wahrscheinlichkeit bereits vor Ausbruch des Krieges schon in Finnland waren.[227] Magnus Ilmjärv bemerkt allerdings, dass die Freiwilligen im Allgemeinen nicht direkt an der Kriegshandlung teilnahmen, sondern während des Winterkriegs erst noch ausgebildet wurden.[228]

---

[225] Vgl. Ilmjärv: Hääletu alistumine, Seite 677-678. Sowie vgl. Ilmjärv: NL ja Saksamaa vahel, Seite 112.
[226] Sowohl Myllyniemi als auch Ilmjärv wägen die verschiedenen Angaben ab. Vgl. Myllyniemi: Baltische Krise, Seite 94-95 und vgl. Ilmjärv: NL ja Saksamaa vahel, Seite 118-119.
[227] Vgl. Myllyniemi: Baltische Krise, Seite 94.; Vgl. Ilmjärv: NL ja Saksamaa vahel, Seite 119.
[228] Vgl. Ilmjärv: NL ja Saksamaa vahel, Seite 119.

Die außenpolitische Situation Estland während des finnisch-sowjetischen Winterkrieges war insgesamt sehr schwierig. Den meisten Esten war bewusst, dass nach einer Niederlage Finnlands auch die eigene Unabhängigkeit verloren ist. Auf Grund der außenpolitischen Lage, in die sich Estland zum Teil selbst gebracht hatte, hatte das Land keine Möglichkeit, dem nordischen Nachbarn in irgendeiner Weise öffentlich Rückhalt zu geben – im Gegenteil, durch den erzwungenen Pakt mit der Sowjetunion war man sogar verpflichtet, sich offiziell auf die Seite des Aggressors zu stellen und auf das Eingreifen einer Großmacht wie England oder Deutschland zu hoffen. Diese Hoffnung sollte sich nicht erfüllen.

4.5. Die Außenpolitik Estlands während der Stützpunktperiode

Durch den Abschluss des Beistandspaktes mit der Sowjetunion begab sich Estland selbst stärker in die Rolle des Objekts. Die Handlungsspielräume wurden kleiner, stets musste man darauf bedacht sein, dass die Sowjetunion das eigene Handeln als Verstoß gegen den gemeinsamen Vertrag auffassen und zum Angriff übergehen könnte. Das Schicksal Finnlands hatte man ja vor Augen. Im gegebenen Rahmen, der durch die Neutralitätserklärung und den Beistandspakt sowie die Stützpunkte für Estland entstanden war, versuchte man, die eigene Politik fortzuführen, um die Unabhängigkeit zu bewahren.

Unterstützung erhoffte man sich in erster Linie von Deutschland. Noch im Frühjahr 1940 hatte man einen weiteren Handelsvertrag mit dem Reich geschlossen und damit den Kontakt verstärkt. Deutschland, dessen Handelsbeziehungen zu England auf Grund des Krieges abgebrochen waren, war an einer Verstärkung des Handels mit Estland und seinen Nachbarstaaten interessiert. 70% des Exports der baltischen Staaten sollten nach Deutschland gelenkt werden. Estland nahm, wie auch Lettland und Litauen, die Handelsverträge an und verpflichtete sich darin vor allem für die Lieferung von Ölschiefer. Des Weiteren forderte der Vertrag von Estland, keine Handelsbeziehungen mit einem Feind Deutschlands aufzunehmen und den Handel mit neutralen und verbündeten Staaten – abgesehen von der Sowjetunion, Lettland und Litauen – zu reduzieren. Estland sollte aus Deutschland mit Steinkohle und Koks versorgt werden. Zahlreiche Forderungen konnte Estland Deutschland gegenüber allerdings nicht durchsetzen oder die gewünschten Lieferungen wurden nicht in vollem Maße erfüllt.[229] Dass Estland dennoch dazu bereit war, den Handelsvertrag mit Deutschland einzugehen, wird mit großer Wahrscheinlichkeit an der Hoffnung auf deutsche Hilfe bei der Beibehaltung der Unabhängigkeit gelegen haben. Man konnte sich in Estland nicht vorstellen, dass Deutschland bereit wäre, Estland zu besetzen. Bei der Sowjetunion sah man darin hingegen keinen Zweifel.

Bereits im Oktober 1939 war die Hoffnung auf deutsche Hilfe jedoch stark geschwunden, als Hitler die volksdeutsche Bevölkerung Estlands, wie im Pakt mit Stalin vereinbart, evakuieren ließ. Über die Umsiedlung war die estnische Kulturverwaltung der Baltendeutschen schon am 25. September informiert worden. Der Umsiedlungsvertrag wurde dann am 15. Oktober von estnischer Seite unterschrieben. Bereits 3 Tage später, am Tag des Einmarsches der ersten sowjetischen Truppen, verließ das erste von insgesamt 18 Schiffen Estland. Bis zum 14. Dezember verließen 10.500 Baltendeutsche das Land. Von den 13.852 „Reichsdeutschen" verließen 12.788 zwischen Oktober 1939 und Mai 1940 das Land. Im Jahr 1941 fand eine „Nachumsiedlung" weiterer 7.000 Baltendeutscher und Esten, welche die deutsche Staatsbürgerschaft erhalten hatten, statt.[230]

Durch die Umsiedlung verschwand eine große Minderheitengruppe aus Estland. Die Umsiedlung wurde in verschiedenen Teilen der Bevölkerung unterschiedlich aufgenommen. Während die deutschen Offiziere und Beamten von General Laidoner mit einem Empfang verabschiedet wurden,[231] sahen einige rechtsextremistische Kreise Estlands die Umsiedlung der Volksdeutschen als Gewinn für eine nationale Konzentration an:

> „Die Mehrheit des estnischen Volkes hat den Wunsch nach Beseitigung der letzten Reste des Ordensstaates mit großer Genugtuung entgegengenommen, weil die Erfahrung der zwanzigjährigen Eigenstaatlichkeit bewiesen haben, daß das Zusammenleben mit der örtlichen deutschen Minderheit sich für beide Seiten als ziemlich schwer erwiesen hat, und es ein vergeblicher Traum wäre, von dieser Minderheit ein loyales Verhalten gegenüber der estnischen Staatlichkeit und der Mehrheitsnation zu erwarten."[232]

Dass Hitler die deutschen Bevölkerungsteile schon so schnell nach Abschluss des Paktes in deutsche Gebiete übersiedeln ließ, hätte für die Esten ein klares Indiz für den eigentlichen Charakter und die eigentlichen Ziele des Hitler-Stalin-Paktes sein müssen.

---

[229] Vgl. Myllyniemi: Baltische Krise, Seite 108-109.
[230] Vgl. Gräfe: Hakenkreuz, Seite 89.
[231] Vgl. Gräfe: Hakenkreuz, Seite 89.
[232] Gräfe: Hakenkreuz, Seite 90.

Außerdem waren die deutschen Bevölkerungsteile durch die Aussiedlung in Sicherheit vor Stalins möglichen Deportationen und für Hitler gab es damit wieder einen Grund weniger, sich für das estnische Volk und die estnische Sache einzusetzen. Für Deutschland war die Situation diesbezüglich sehr angenehm. Durch den Handelsvertrag war die Lieferung estnischer Rohstoffe gesichert, die eigene Bevölkerung durch die Aussiedlung in Sicherheit und man hatte keine bindenden Pflichten gegenüber Estland.

Von den Staaten Frankreich und Großbritannien war ebenfalls wenig außenpolitische Unterstützung zu erwarten. Diese befanden sich nun im Krieg mit Deutschland und hatten schon aus diesem Grund wenig Interesse für die Sache Estlands. Wie im vorangegangenen Kapitel dargestellt, hatten sich während der Stützpunktperiode einzig die Beziehungen zu Lettland und Litauen verbessert. Nach dem von Estland klar begangenen Fehler, den Beistandspakt mit der Sowjetunion zu unterschreiben, ohne sich zuvor mit den Nachbarstaaten über ein gemeinsames Vorgehen abzusprechen, beschloss man sich künftig über alle Fragen in Zusammenhang mit den sowjetischen Stützpunkten auszutauschen, um nicht wieder gegeneinander ausgespielt zu werden.[233] Nie wurde allerdings versucht, den im März 1940 von Litauen vorgeschlagenen Militärpakt ernsthaft umzusetzen. Im Februar 1940 erschien die erste Ausgabe der gemeinsamen Zeitschrift „Revue Baltique" in französischer, englischer und deutscher Sprache. Ziel der Zeitschrift war es, das Ausland auf das Baltikum aufmerksam zu machen. Man war der Ansicht, dass, wenn sich in der Welt der Eindruck verbreite, dass die Selbständigkeit der baltischen Staaten bereits verloren sei, es für die Sowjetunion noch leichter wäre, die Staaten in Besitz zu nehmen. Diesem Eindruck wollte man durch die Zeitschrift entgegenwirken.[234]

Die Situation der Staaten war in Anbetracht der außenpolitischen Situation trotz dieser Versuche sehr kritisch. Nach dem Abschluss des Beistandspaktes und dem Einzug der sowjetischen Truppen hätte die Sowjetunion gegen jede Art von gegen sie gerichteter Mobilmachung protestiert und wäre gegen das Land vorgegangen. Auf Grund der zu späten Zusammenarbeit der drei baltischen Staaten waren die Grundlagen für eine gemeinsame effektive Mobilmachung vergeben. Vergleicht man die Verteidigungsbedingungen, auf welche die drei Staaten im Falle einer gemeinsamen Strategie hätten zurückgreifen können, mit den Bedingungen in Finnland, so hätte in der Retrospektive ein Kampf gegen die Sowjetunion gelingen können. Durch den Abschluss des

---

[233] Vgl. Myllyniemi: Baltische Krise, Seite 101.
[234] Vgl. Myllyniemi: Baltische Krise, Seite 98.

Beistandspaktes und die Erlaubnis an die Sowjetunion, Stützpunkte errichten zu dürfen, hatte diese im Bezug auf die baltischen Staaten leichtes Spiel und wusste, dass sie durch Druck alle ihre Ziele erreichen konnte.

Trotz der Paragraphen, die Estlands Eigenständigkeit unterstrichen, war der Beistandspakt vom 28. September 1939 ein erster Schritt in Richtung Verlust der Unabhängigkeit. Molotovs erneute Garantie der Unverletzbarkeit der Souveränität Estlands erwies sich in der Folgezeit als „blanker Hohn."[235] Inwieweit der Vertrag überhaupt legal erreicht wurde, bleibt eine Frage, über die man sich bis heute nicht im Klaren ist. Einige Historiker halten ihn auf Grund seiner Entstehungsbedingungen für illegal. Boris Meissner betrachtet ihn hingegen wegen seines Inhaltes als legal.[236] Der nächste Schritt, der zur völligen Einverleibung Estlands in das Sowjetsystem führte, erfolgte unter noch mehr Druck und soll im Folgenden dargestellt werden.

---

[235] Brüggemann: Okkupation, Seite 69.
[236] Vgl. Mälksoo, Lauri: Illegal annexation and state continuity: the case of the incorporation of the Baltic States by the USSR. A study of the Tension between Normativity and Power in International Law. Leiden: 2003, Seite 94-95. Im Folgenden zitiert als: Mälksoo: Illegal annexation.

5. Die Eingliederung Estlands in das Sowjetsystem

Ähnlich wie der Weg vom Beistandspakt zur Errichtung der sowjetischen Stützpunkte auf estnischem Hoheitsgebiet, verlief auch die Einverleibung des Kleinstaates in das Sowjetsystem in Schritten. Das sowjetische Ultimatum war dabei der erste.

5.1. Das sowjetische Ultimatum

Durch den Hitler-Stalin-Pakt waren die baltischen Staaten sowie Teile Polens in die Interessenssphäre der Sowjetunion gerückt. Am 17. September waren die sowjetischen Truppen bereits in Polen einmarschiert und hatten dabei für Aufsehen in der internationalen Politik gesorgt. Die baltischen Staaten wurden augenscheinlich legal durch den Beistandspakt an die Sowjetunion gebunden. Durch die Errichtung der Stützpunkte waren sie zu einer Art sowjetischen Protektorats geworden. Die Unabhängigkeit blieb jedoch stets unangetastet und die Sowjetunion hielt sich, abgesehen von den Vertragsbrüchen in Bezug auf den finnischen Winterkrieg zu Beginn der Stützpunktperiode, an den vereinbarten Vertrag.

Ab Juni 1940 änderte sich die Sowjetpolitik den baltischen Staaten gegenüber rasant. Als Ursache hierfür können die militärischen Erfolge des noch verbündeten Deutschlands gesehen werden. Hitler hatte am 9. April Dänemark und Norwegen und am 10. Mai Holland und Belgien überfallen. Außerdem wurde eine Kapitulation Frankreichs im Juni 1940 immer wahrscheinlicher. Deutschland hatte in den ersten Kriegsmonaten große Erfolge zu verzeichnen und gerade auch die Kapitulation Frankreichs am 25. Juni führte zu einem immensen Machtzuwachs des Dritten Reiches. Stalin war sich dessen bewusst, dass der Westfeldzug Hitlers zu Ende ging und er erwartete, dass Deutschland nach diesem Erfolg die eigenen Verbände in Polen vergrößern werde, um eine militärische Aktion in Osteuropa vorzubereiten. Eine Vorahnung, welche sich in der Folgezeit bewahrheiten sollte.[237]

Unter diesen weltpolitischen Veränderungen war Stalin nun gezwungen, zu handeln und die ihm zugesicherten Gebiete zu sichern. Die in den jeweiligen Staaten stationierten

---

[237] Vgl. Gräfe: Hakenkreuz, Seite 102.

Truppen sollten verstärkt und unter einheitlichen Befehl gestellt werden. Zudem wurden Anfang Mai in den Militärbezirken Leningrad, Kalinin und Belorussland Truppenverbände mit 435.000 Mann an den Ostgrenzen der baltischen Staaten konzentriert.[238] Am 14. Juni erging dann ein Ultimatum an den litauischen Gesandten in Moskau. Die Sowjetunion benutzte die kurz zuvor erfolgte Flucht einiger sowjetischer Soldaten aus den litauischen Stützpunkten als Vorwand, Litauen zu beschuldigen, die Soldaten entführt zu haben. Sie forderte die Regierung in einer Note am 25. Mai auf, Maßnahmen zu treffen, die eine Wiederholung der Geschehnisse verhindern sollten.[239] Ein weiterer Grund war die Unterstellung, die baltischen Staaten würden sich zu einem Militärbündnis gegen die Sowjetunion zusammenschließen, was klar gegen die Verträge von 1939 verstoßen hätte. Im Ultimatum vom 14. Juni verlangte die Sowjetunion von Litauen, ebenso wie zwei Tage später von Estland und Lettland:

1. Jene Personen, im Falle Litauens waren dies der Innenminister Skučas und der Chef der Sicherheitspolizei Poviliaitis, die für die Provokationen gegenüber der Sowjetunion verantwortlich seien, seien anzuklagen.
2. Eine neue Regierung, welche im Stande sei, die Verpflichtungen im gegenseitigen Beistandsvertrag zu erfüllen, sei unverzüglich einzusetzen.
3. Um diese Ziele zu realisieren, sei den sowjetischen Streitkräften in genügender Stärke ungehindert Zugang in das jeweilige Land zu gewähren.[240]

Die Antwort Litauens wurde bereits am folgenden Tag um 10:00 Uhr morgens erwartet. Somit hatte die litauische Regierung nach Erhalt des Ultimatums um 2:00 Uhr nachts nur noch acht Stunden Zeit zur Antwort. Auf Grund der an der Ostgrenze stationierten, übermächtigen sowjetischen Streitkräfte schien eine Verteidigung wiederum zwecklos. Am folgenden Tag um 15:00 Uhr überschritten die sowjetischen Truppen bereits die litauische Grenze. Es war der gleiche Tag, an dem die Deutschen in Paris einmarschierten.[241]

An den estnischen Gesandten in Moskau Rei erging am 16. Juni gegen 14:30 Uhr ein ähnliches Ultimatum. Bis 23:00 Uhr erwarte man eine Antwort aus Estland. Sollte diese nicht eintreffen, drohte man, die an der estnischen Grenze stationierten Truppen einmarschieren zu lassen, die mit Waffengewalt jeden Widerstand niederschlagen würden.

---

[238] Vgl. Gräfe: Hakenkreuz, Seite 103.
[239] Vgl. Misiunas, Romuald; et al.: The Baltic States. Years of dependence 1940 - 1980. London 1983, Seite 18. Im Folgenden zitiert als: Misiunas: Baltic States.
[240] Vgl. Myllyniemi: Baltische Krise, Seite 122.
[241] Vgl. Misiunas: Baltic States, Seite 18-19.; Vgl. Myllyniemi: Baltische Krise, Seite 122-123. Sowie vgl. Gräfe, Karl Heinz: Hakenkreuz, Seite 105-106.

Eine Seeblockade der sowjetischen Marine erhöhte zudem den Druck auf die Regierung.[242] Wie Litauen nahmen auch Estland und Lettland die Forderungen des Ultimatums an.[243]

5.2. Die Bildung der estnischen Volksregierung

Kurz vor Ablauf des Ultimatums hatte der estnische Gesandte August Rei in Moskau der Sowjetregierung mitgeteilt, dass die estnische Regierung das Ultimatum annehme und zurückgetreten sei. Bis zur Bildung einer neuen Regierung werde sie ihre Arbeit aber noch fortsetzen. Auf die Fragen, inwieweit eine neue Regierung zu bilden sei und wer für welchen Posten in Frage käme, antwortete der sowjetische Gesandte in Tallinn Nikitin, dass die Aufstellung der neuen Regierung noch etwas Zeit habe. In Moskau informierte man den estnischen Gesandten Rei unterdessen, dass Andrej Ždanov in dieser Frage für Gespräche nach Tallinn reisen werde. Auch in die Hauptstädte der beiden anderen baltischen Staaten reiste je ein sowjetischer Berater.[244]

Am 17. Juni um 4:00 Uhr estnischer Zeit sollte der Einmarsch der sowjetischen Truppen nach Estland beginnen. Anders als 1939 gab es keine formellen oder inhaltlichen Vereinbarungen über den Ablauf dieses Einmarsches. Das Protokoll, welches formal das gegenseitige Einverständnis erklären sollte, sollte erst vier Stunden nach Beginn des Einmarsches, um 8:00 Uhr morgens unterzeichnet werden. Dass es wenig Inhaltliches bei diesem Treffen zu besprechen gab, war beiden Seiten klar. Es ging lediglich darum, die von der Sowjetunion diktierten Okkupationsbedingungen schriftlich festzuhalten.[245] Im „Diktat von Narva"[246] koordinierten General Laidoner und General Meretskov den Einmarsch der Truppen. Es waren insgesamt sechs Schützendivisionen in einer Stärke von 72.000 Mann. Weitere Forderungen von sowjetischer Seite waren:

---

[242] Mälksoo: Illegal annexation, Seite 84.
[243] Vgl. Rei, August: Traagiliste sündmuste tunnistajana. In: Eesti Riik ja rahvas teises maailmasõjas. Bd. 3. Hg. v. R. Maasing. Stockholm 1956, S. 17–25, Seite 17. Im Folgenden zitiert als: Rei: Tunnistajana.
[244] Vgl. Ant, Jüri; et al.: Iseseisvuse likvideerimine. In: Sõja ja rahu vahel. Okupeeritud Eesti julgeolekupoliitiline olukord sõja alguseni. Hg. v. T. Enn; et al. Tallinn 2010, S. 75–186, Seite 87-89. Im Folgenden zitiert als: Ant: Isesisvuse likvideerimine.
[245] Vgl. Ant: Iseseisvuse likvideerimine, Seite 90.
[246] So bezeichnet Ant das Protokoll, welches bei dem Treffen der Delegationen am Morgen des 17. Juni 1940 in Narva unterzeichnet wurde.

1. Die Räumung der Werft und fast aller Speicher, der Gebäude des Kriegsministeriums und des Generalstabs, sowie der Technischen Hochschule, zweier Hotels, des größten Kinos und zahlreicher Privathäuser in Tallinn innerhalb von 24 Stunden.
2. Die Verlegung des ganzen Kommandos der Baltischen Flotte von Kronstadt nach Tallinn.
3. Die Übergabe sämtlicher Kasernen und Flugplätze.
4. Die Entwaffnung des Verteidigungsbundes Kaitseliit.[247]

Bezüglich der neuen Regierungsbildung ließ Präsident Päts den Gesandten Rei unverzüglich von Moskau nach Tallinn kommen. Dieser traf am 19. Juni gegen 10:00 Uhr beim Präsidenten ein. In seinen Memoiren berichtet Rei von der Unterredung mit Päts, welcher ihn bat, das Amt des Regierungschefs zu übernehmen. Auf Grund seiner jahrelangen Arbeit in Moskau sei Rei der einzig Richtige für dieses Amt. Er kenne die Sowjets besser als jeder andere und sei auch für die sowjetischen Vertreter, die eine sowjetfreundliche Regierung forderten, ein vertrauenswürdiger Kandidat.[248] Ždanov, der noch vor Ende der Besprechung einen Termin bei Päts hatte, lehnte den Vorschlag des Präsidenten sofort ab und schlug seinen eigenen Kandidaten für das Amt des Ministerpräsidenten vor: Den populären Arzt und Dichter Johannes Vares Barbarus, welcher als radikaler Sozialist bekannt war.[249] Nach Ansicht des zuvor zurückgetretenen Ministerpräsidenten Uluots, der ein Schulfreund von Johannes Vares war und ihn sehr gut kannte, sei dieser ein „ungefährlicher Radikaler, der wenigstens nicht bewußt für die Zerstörung der Freiheit und Unabhängigkeit Estlands arbeiten würde."[250] Johannes Vares wurde noch am gleichen Tag vom Präsidenten beauftragt, eine neue Regierung zu bilden. Dieser wollte sich erst am folgenden Tag mit seinem engen Vertrauten Prof. H. Kruus beraten. Bei den Beratungen am 20. Juni 1940 war auch Andrej Ždanov zugegen.[251] Parallel zu den Beratungen war der am 18. Juni vom sowjetischen Botschaftssekretär zum Innenminister ernannte Linkssozialist Maksim Unt beauftragt worden, eine prosowjetische Demonstration in Tallinn zu organisieren. In Narva sollten der Erste Sekretär der kommunistischen Partei Estlands, Kaarel Jan Sääre

---

[247] Vgl. Gräfe: Hakenkreuz, Seite 109-110.
[248] Vgl. Rei: Tunnistajana, Seite 18.
[249] Vgl. Gräfe: Hakenkreuz, Seite 110.
[250] Myllyniemi: Baltische Krise, Seite 129.
[251] Vgl. Myllyniemi: Baltische Krise, Seite 129.

und der Sozialist Nigol Andresen außerdem eine „Sozialistische Revolution" beginnen.[252]

Am Abend des 20. Juni war die neue Regierung gebildet – ganz nach den Wünschen Ždanovs. Die einzige Änderung, auf die sich der sowjetische Sondergesandte eingelassen hatte, war die Ernennung von Professor Kruus zum stellvertretenden Ministerpräsidenten. Diese Ernennung war die Bedingung des neuen Ministerpräsidenten Vares. Die neue Regierung sah wie folgt aus: der bekannte Schriftsteller Johannes Semper wurde Bildungsminister, Alexander Joeäär Landwirtschaftsminister, Nigol Andresen Außenminister, Maxim Unt Innenminister, Juhan Nichtig Wirtschaftsminister, Tõnis Rotberg Kriegsminister, Neeme Ruus Sozialminister, Boris Sepp Justizminister und Orest Kärm wurde Verkehrsminister. Da das Ansehen der Kommunisten in Estland nahezu bedeutungslos war, wollte Stalin die neue linke „Volksregierung" möglichst ohne sie bilden. Einzig Unt, Joeäär, Andresen und Ruus hatten eng mit den Kommunisten zusammengearbeitet. Abgesehen von ihnen und den ehemaligen Sozialrevolutionären Vares, Kruus und Semper waren die Mitglieder der neuen Regierung am ehesten als Berufsminister einzuordnen.[253] Dies und die Tatsache, dass der neue Ministerpräsident Vares Barbarus und auch der neue Bildungsminister Semper mit dem abgesetzten Ministerpräsidenten Jüri Uluots in der Schulzeit eng befreundet waren[254], zeigt, wie willkürlich die Marionettenregierung gebildet wurde. Es ging den Sowjets bei ihren „Vorschlägen" nicht darum, eine gut funktionierende Regierung einzusetzen, sondern vielmehr darum, das alte Regime möglichst demütigend abzusetzen und die eigene Überlegenheit zu demonstrieren. Schließlich wurden fast alle estnischen Vorschläge zur Regierungsbildung abgelehnt und die neue Regierung bis auf die Ernennung von Professor Kruus ganz nach dem „Vorschlägen" Ždanovs eingesetzt. Da sich Päts weigerte, die neue Regierung in dieser Form anzunehmen, kam es am 21. Juni zu der von Unt und Andresen im Vorfeld geplanten Massendemonstration in Tallinn. Da bereits am 16. Juni sämtliche Versammlungen von der estnischen Regierung verboten worden waren, fand die Demonstration unter dem Schutz der Roten Armee statt. Die Polizei wurde von der Regierung angehalten, passiv zu bleiben. August Rei berichtet über die Ereignisse am 21. Juni in seinen Memoiren. Er hatte von einem Freund telefonisch erfahren, dass zu Beginn des Arbeitstages die Fabrikarbeiter angehalten waren, ihre Arbeit niederzulegen und sich bei der Demonstration zu be-

---

[252] Vgl. Gräfe: Hakenkreuz, Seite 110.
[253] Vgl. Myllyniemi: Baltische Krise, Seite 131.; Sowie vgl. Gräfe: Hakenkreuz, Seite 111.
[254] Vgl. hierzu das Foto im Anhang

teiligen. Die Demonstranten versammelten sich gegen 10:00 Uhr auf dem Freiheitsplatz (Vabaduseväljak). Rei schätzt die Zahl der anwesenden Demonstranten und Schaulustigen auf ungefähr 2.000-3.000. Die meisten davon schienen Fabrikarbeiter zu sein.[255] Die Demonstranten zogen weiter zum Domberg (Toompea), wo der Ministerpräsident Uluots eine Delegation der Demonstranten empfing. Da dieser erklärte, nicht imstande zu sein, auf die Forderungen der Demonstranten zu antworten, zogen diese weiter zum Schloss Kadriorg, dem Amtssitz des Präsidenten. Rei, der die Menge, die sich im Laufe des Tages stark dezimiert hatte, beobachtet hatte, berichtete, die Demonstranten hätten auf dem Weg sowjet-russische Lieder gesungen. Der Moskauer Gesandte hatte derartige Lieder bisher nur in Moskau gehört und war davon überzeugt, dass diese Lieder in Estland völlig unbekannt waren. Seine Vermutung, es könne sich bei den „Sängern" um sowjetische Truppen handeln, die den Zug begleiteten, erwies sich als falsch. Die Sänger waren zivil gekleidet und alles deutete darauf hin, dass es sich um Arbeiter aus den sowjetischen Stützpunkten gehandelt habe. Wie Rei später von Bekannten erfuhr, habe man am Morgen des 21. Juni zahlreiche Transporter von den Stützpunkten in Richtung Tallinn fahren sehen.[256] Die Sowjets hatten demnach ihre eigenen Arbeiter für die inszenierte Demonstration benutzt.

Die Demonstranten wiederholten vor dem Schloss ihre Forderungen. Die Antwort des Präsidenten wurde durch Zwischenrufe systematisch gestört, so dass Päts die Rede schließlich abbrach, sich aber bereit erklärte, eine Delegation zu empfangen. Diese erhielt von ihm die gleiche Antwort wie zuvor von Uluots, dass nur Vares und Šdanov auf die Forderungen antworten könnten. Die Demonstranten zogen weiter in Richtung Zentralgefängnis und forderten dort die Freilassung aller politischen Gefangenen. Päts kam den Forderungen ohne große Formalitäten nach. Da er zwei Jahre zuvor bereits eine Amnestie erlassen hatte, handelte es sich bei den jetzigen Freigelassenen nur um eine geringe Zahl, die wegen Spionage für die Sowjetunion verhaftet worden waren.[257] Nach der Befreiung der Gefangenen holten sich die Demonstranten Waffen aus dem Arsenal und besetzten die Post, das Telefonamt, die Polizeiverwaltung und stürmten schließlich das estnische Regierungs- und Parlamentsgebäude, hissten die rote Fahne auf dem Wahrzeichen Tallinns, dem Langen Herrmann (Pikk Hermann), und versuchten die Kaserne einzunehmen. Dabei stießen sie auf ernsthaften Widerstand durch die dort verschanzten Offiziersanwärter. Am Abend des 21. Juni habe Päts unter dem Ein-

---

[255] Vgl. Rei: Tunnistajana, Seite 20.
[256] Vgl. Rei: Tunnistajana, Seite 21.
[257] Vgl. Myllyniemi: Baltische Krise, Seite 130-131.; Sowie vgl. Rei: Tunnistajana, Seite 22-23.

druck des inszenierten Aufstandes schließlich den Vorschlag Ždanovs, welcher ihm von Vares unterbreitet worden war, bestätigt. Die Übergangsregierung Estlands war damit eingesetzt. Die Ereignisse vom 21. Juni wurden in der Folgezeit in der sowjetischen Propaganda als Befreiungsschlag des estnischen Volkes aus dem verhassten Regime dargestellt.[258]

Auch General Laidoner wurde im Zuge dieser Neustrukturierung am folgenden Tag seines Amtes enthoben. Am 26. Juni wurden höhere Beamte entlassen. Einen Tag später wurde der Verteidigungsbund „Kaitseliit" aufgelöst und stattdessen die „Rahva Omakaitse"[259] gegründet. Statt der Zeitschrift „Uus-Eesti" erschien nun „Rahva Hääl" als Regierungsorgan. Chef der politischen Polizei wurde außerdem der Kommunist H. Habermann, was für die folgende Säuberung der Verwaltung von Bedeutung war.[260]

5.3. Die Juliwahlen und die formelle Besiegelung des Anschlusses

Ždanov war Ende Juni nach Moskau zurückgekehrt, um dort die weiteren Schritte des Anschlusses der baltischen Staaten zu besprechen. Präsident Päts hatte die Abreise des sowjetischen Sonderbeauftragten als positives Zeichen gesehen und war auch nach der Einsetzung der Übergangsregierung optimistisch geblieben. Dieser Optimismus endete mit Ždanovs Rückkehr nach Tallinn am 1. Juli 1940.

Dieser befahl sofort nach der Rückkehr, neue Parlamentswahlen durchzuführen, da die bisherige Regierung nur aus „Volksfeinden" bestehe.[261] Die Wahlen sollten aber auf jeden Fall verfassungsgemäß ablaufen, vor allem um sowohl dem estnischen Volk als auch der Weltöffentlichkeit zu demonstrieren, dass es sich bei der Einverleibung Estlands um den Willen des Volkes und nicht um eine von außen erfolgte Okkupation handelte. Diese Verfassungstreue beinhaltete allerdings zahlreiche Hindernisse, welche auf illegalen Wegen beseitigt wurden. Das erste war die in der estnischen Verfassung von 1937 vorgeschriebene Periode von 35 Tagen zwischen der offiziellen Ankündigung und dem Termin der Wahlen. An diese Zeitvorgabe wollte sich Ždanov aus zwei Gründen nicht halten. Zum einen sollte die Einverleibung Estlands bis zur nächsten

---
[258] Vgl. Gräfe: Hakenkreuz, Seite 112.
[259] Wörtlich: Selbstschutz des Volkes.
[260] Vgl. Myllyniemi: Baltische Krise, Seite 132.
[261] Vgl. Myllyniemi: Baltische Krise, Seite 133.

Sitzung des Obersten Rates der Sowjetunion, welche schon für Anfang August geplant war, vollendet sein. Zum anderen sollten mögliche Gegenkandidaten auf Grund der knappen Fristen möglichst stark gehindert werden, sich bei den freien Wahlen aufstellen zu lassen.[262]

Eine legale Veränderung der Periode war nicht möglich. Dennoch hielt Šdanov an den Wahlen am 14. und 15. Juli fest. Auf dem Dekretweg, der seit der Verfassung von 1937 als verfassungswidrig galt, setzte der Sonderbeauftragte jedoch diese und andere Veränderungen durch.[263] Päts unterschrieb das Dekret am 5. Juli, welches Vares am gleichen Tag gegenzeichnete. Die Wahlen wurden dann für den 14. und 15. Juli ausgerufen. Innerhalb von dreieinhalb Tagen sollten die Kandidaten aufgestellt werden. Trotz des knappen Zeitraumes schaffte man es, in jedem Wahlbezirk einen nichtkommunistischen Gegenkandidaten zu benennen. Diese Gegenkandidaten waren im Vergleich zu den Kandidaten des kommunistischen „Verbands der Werktätigen" („Töötava Rahva Liit") dem Volk zumeist durch ihre Arbeit in der Öffentlichkeit bekannt.[264] Der Historiker Arnold Soom spekuliert auch aus diesem Grund in seinen Memoiren: „Wenn die Wahlen tatsächlich frei stattgefunden hätten, wäre kaum in auch nur einem der Bezirke der Kandidat des „Verbands der Werktätigen" ins Parlament gewählt worden."[265]

Um eine Wahlniederlage auszuschließen, verlangte man am 9. Juli, dem Ende der Aufstellungsfrist, von allen Parteien ein genaues Wahlprogramm, um, wie es hieß, sicher zu gehen, dass keine schädlichen und volksfeindlichen Elemente in das neue Parlament gewählt werden würden. Am Morgen des 10. Juli wurde diese neue Bestimmung bekannt gegeben. Der letzte Zeitpunkt, das Wahlprogramm abzugeben, war um 14:00 Uhr des gleichen Tages.[266] Mit der Begründung, dass die Grundzüge des Wahlprogramms der kommunistischen Partei bereits durch die Presse bekannt seien,

---

[262] Vgl. Paavle, Indrek: Anneksioon. In: Sõja ja rahu vahel. Okupeeritud Eesti julgeolekupoliitiline olukord sõja alguseni. Hg. v. T. Enn; et al. Tallinn 2010, S. 127–163, Seite 127-128. Im Folgenden zitiert als: Paavle: Anneksioon.

[263] Vgl. Meissner, Boris: Die kommunistische Machtübernahme in den Baltischen Staaten (1954). In: Die baltischen Staaten im weltpolitischen und völkerrechtlichen Wandel. Beiträge, 1954-1994 (= Bibliotheca Baltica). Hg. v. B. Meissner. Hamburg 1995, S. 53–89, Seite 63. Im Folgenden zitiert als: Meissner: Machtübernahme.

[264] Vgl. Soom, Arnold: Seadusvastased valimised. In: Eesti Riik ja rahvas teises maailmasõjas. Bd. 3. Hg. v. R. Maasing. Stockholm 1956, S. 38–43, Seite 39. Im Folgenden zitiert als: Soom: Valimised.

[265] Soom: Valimised, Seite 39.

[266] Vgl. Soom: Valimised, Seite 39.

hielt es der „Verband des werktätigen Volkes" nicht für nötig, ein solches Programm einzureichen.[267]

Trotz der wiederum engen Frist reichten fast alle Gegenkandidaten bis 14:00 Uhr ihr Wahlprogramm ein. Nach Prüfung der Programme durch die Mitglieder des Wahlausschusses, welche ausnahmslos der kommunistischen Partei angehörten, wurden bis auf eines[268] alle Programme abgelehnt. Zum einen hätten die Wahlprogramme rein allgemeine Ausdrücke enthalten, zum anderen, versuchten manche Programme offensichtlich, die Wähler irrezuführen. Auch Programme, die wörtlich mit denen eines Kandidaten der kommunistischen Partei übereinstimmten, wurden abgelehnt. Die anfänglich als rechtmäßig anerkannte Kandidatur des ehemaligen estnischen Außenministers Ants Piip wurde am 11. Juli für ungültig erklärt. Als Grund dafür wurde angegeben, dass ergänzende Angaben über den Kandidaten bekannt geworden seien.[269] Von den abgelehnten Gegenkandidaten verlangte man in manchen Wahlkreisen sogar eine Entschuldigung bei den Bürgern. Somit waren zu Beginn der Wahlen sämtliche Anti-kommunistischen Kandidaten von der Wahl ausgeschlossen. In jedem Wahlkreis blieb nur ein Kandidat der kommunistischen Partei übrig. Dadurch verlor die Wahl ihren eigentlichen Sinn und der jeweilige Kandidat wäre nach estnischem Wahlrecht auch ohne Wahl als gewählt angesehen worden. Doch war es für die sowjetische Propaganda wichtig, der Welt zu zeigen, dass das estnische Volk alle kommunistischen Kandidaten selbst gewählt hat. Zudem sollten die Gegner des neuen Parlaments das Gefühl bekommen, alleine der überwältigenden Mehrheit des estnischen Volkes gegenüber zu stehen.[270]

Die Wahl an sich verlief mit viel Nachdruck seitens der Sowjets. An beiden Wahltagen fuhren sowjetische Panzer durch die Straßen, um das Volk einzuschüchtern. Zusätzlich wurde verbreitet, dass das Fernbleiben von der Urne besonders gefährlich sei, da man so schnell zum Gegner der Sowjetunion werden würde. In der Zeitung „Rahva Hääl" wurde am ersten Wahltag betont, dass „es unklug wäre, den Wahlen fern zu bleiben," dass „nur Gegner des Volkes am Wahltag zu Hause bleiben" und dass „die, die nicht mitkommen, unsere Feinde sind."[271] Für Bürger, welche sich dennoch gegen den Gang

---

[267] Vgl. Meissner: Machtübernahme, Seite 65.
[268] Laut Myllyniemi waren es einige wenige Gegenkandidaten, welche vorerst zur Wahl zugelassen wurden. Vgl. Myllyniemi: Baltische Krise, Seite 134. Meissner spricht jedoch nur von einem einzigen zugelassenen Kandidaten. Vgl. Meissner: Machtübernahme, Seite 66.
[269] Vgl. Meissner: Machtübernahme, Seite 66.
[270] Vgl. Soom: Valimised, Seite 40.
[271] Soom: Valimised, Seite 41.

zur Urne entschieden hatten, waren an den Wahltagen Hilfskräfte der kommunistischen Partei eingesetzt, die am Nachmittag des zweiten Wahltages jene Bürger zu Hause aufsuchten und diese aufforderten, zur Wahl zu gehen. Kranken und alten Bürgern wurden die Urnen sogar nach Hause gebracht. Häufig verwendete man auch von den sowjetischen Truppen zur Verfügung gestellte Autos, um die Bürger in die Wahllokale zu bringen.[272]

Auch in den Wahllokalen war die freie Wahl nahezu ausgeschlossen. Ants Oras berichtet in seinen Memoiren von seinen Erfahrungen im Tartuer Wahllokal. So haben sowohl am Eingang als auch im Wahlraum selbst uniformierte sowjetische Soldaten gestanden. Die Nutzung der einzigen Wahlkabine durch Oras wurde von den Soldaten sofort als verdächtig angesehen, so dass von Oras und dessen Frau verlangt wurde, den zugeklebten Umschlag einem der Soldaten zu geben. Dieser habe den Umschlag gegen das Licht gehalten und genau überprüft. Da der Umschlag sehr dünn war, war es durchaus möglich zu sehen, ob ein Kreuz gemacht worden war oder ob man sich der Wahl enthalten habe.[273] Durch diese Maßnahmen wurden, so das Urteil Sooms, die meisten estnischen Bürger so stark beeinflusst, dass sie sich erst gar nicht trauten, sich zu enthalten. Dennoch gab es laut Angaben des Wahlkomitees 42.399 Stimmenthaltungen, was insgesamt 7,2 Prozent der abgegebenen Stimmen ausmachte. Soom weist zusätzlich darauf hin, dass diese Zahl sogar noch größer gewesen sein muss, da man in einigen Wahlkreisen auch ungültige Stimmzettel als Stimme für die kommunistische Partei zählte.[274]

Da eine Wahlbeteiligung von 81,6 Prozent für das Hauptwahlkomitee zu gering war, versuchte man auch diese Zahl künstlich anzuheben und konstruierte eine Begründung aus der zuvor erfolgten Umsiedlung der Baltendeutschen. Diese seien noch immer in den Einwohnerlisten zu finden, aber nicht mehr im Land. Aus diesem Grund wurde die Zahl der Stimmberechtigten um 35.119 Personen heruntergesetzt, was wiederum eine rein fiktive Zahl war. So konnte jedoch die Teilnahme von 84,1 Prozent der Bevölkerung an den Wahlen proklamiert werden.[275] Von den Wählern haben offizielle 92,9 Prozent für die kommunistische Partei gestimmt.[276]

---

[272] Vgl. Soom: Valimised, Seite 41.
[273] Vgl. Oras, Ants: Baltic eclipse. Oxford 1948, Seite 72-74. Im Folgenden zitiert als: Oras: Baltic.
[274] Vgl. Soom: Valimised, Seite 43.
[275] Vgl. Soom: Valimised, Seite 43. Bei anderen Historikern findet man abweichende Angaben. So findet man bei Myllyniemi beispielsweise die Angabe von 84,6% Wahlbeteiligung.
[276] Vgl. Myllyniemi: Baltische Krise, Seite 135.

Im Anschluss an die Wahlen wurde bald deutlich, wie es weiter gehen würde. Das Wahlergebnis wurde von den Kommunisten auf dem Freiheitsplatz gefeiert. Parolen, welche ausdrücklich den Anschluss Estlands an die Sowjetunion forderten, wurden dabei laut. In der ersten Sitzung der neuen Abgeordnetenkammer am 21. Juli wurde eine Deklaration über Estlands Staatsgewalt angenommen, durch die Estland zu einer sozialistischen Sowjetrepublik erklärt wurde. Am folgenden Tag beschloss das Parlament einen Antrag an den Obersten Sowjet zu richten, in dem man ausdrücklich um Aufnahme in die Sowjetunion bat. Am 6. August wurde dem Antrag vom Obersten Sowjet stattgegeben. Lettland und Litauen waren einige Tage zuvor auf gleiche Art und Weise aufgenommen worden.[277]

Von den insgesamt 19 Staaten, zu welchen die baltischen Staaten diplomatische Beziehungen unterhielten, legte keiner Protest gegen die Annexion der Staaten ein.[278] Dennoch war die Situation, in welcher sich Estland im August 1940 befand, aus verschiedenen Gründen völkerrechtswidrig. Sowohl das Ultimatum vom Juni 1940 als auch die darin enthaltenen Forderungen nach Auswechslung der Regierung kamen einer seit 1928 verbotenen Verfassungsintervention gleich. Auch die durch die Sowjets erfolgte Besatzung war völkerrechtswidrig. Ein weiteres Vergehen gegen das Völkerrecht war die Bitte der Volksregierung um Aufnahme in die Sowjetunion. Die durch Einheitslisten gewählte Volksregierung war auf Grund der bereits erfolgten Besetzung des Landes nicht souverän und somit nur ein Hilfsorgan der neuen Besatzungsmacht. In dieser Position war die Volksregierung nicht befugt, um diese Aufnahme zu bitten. Aus völkerrechtlicher Sicht war das Vorgehen der Sowjets rechtswidrig und kann als Annexion bezeichnet werden. Der Staat existierte demnach im völkerrechtlichen Sinn trotz der Besetzung weiter.[279]

---

[277] Vgl. Myllyniemi: Baltische Krise, Seite 136-137.
[278] Vgl. Ilmjärv: Hääletu alistumine, Seite 839. Ilmjärv untersucht ausführlich das Verhalten jedes einzelnen der 19 Staaten sowie die Gründe für diese Zurückhaltung. Vgl. Ilmjärv: Hääletu alistumine, Seite 839-872.
[279] Vgl. Gilly: Nationalstaat, Seite 262.

5.4. Die Sowjetherrschaft bis zum Einmarsch der deutschen Truppen

Im Folgenden soll die Sowjetherrschaft in der Zeit nach der Aufnahme in die Sowjetunion bis zum Einmarsch der deutschen Truppen im Zuge des Angriffs auf die Sowjetunion skizziert werden.

Die ersten unmittelbaren Folgen der Wahlen waren Verhaftungen und Deportationen der ehemaligen politischen Führung Estlands. So wurde General Laidoner bereits am 19. Juli zusammen mit seiner Familie verhaftet und nach Moskau gebracht. Den ehemaligen Präsidenten Konstantin Päts traf am 30. Juli das gleiche Schicksal.[280]

Das politische Leben entwickelte sich allerdings, wie eine im Jahre 2006 im russischen Staatsarchiv aufgefundene Analyse des Politbüromitglieds und ZK-Sekretärs der KPdSU Andrej Andrejev zeigt, recht zögerlich. Aus dem Dokument geht hervor, dass die kommunistische Partei Estlands, welche in der Zwischenkriegszeit verboten und nahezu belanglos war, trotz der Unterstützung Moskaus bis Ende 1940 in Estland keine bedeutsame Kraft darstellen konnte. Die Partei war anfangs damit beschäftigt, eine arbeitsfähige Organisation aufzubauen und erst im September waren die obersten nationalen Parteibüros entstanden, die „den Charakter von Gebietsparteikomitees der KPdSU erhielten."[281] Die Zahl der Kommunisten unter dem Vorsitz von Kaarel Sääre stieg in den ersten fünf Monaten von 130 auf 1.064 Mitglieder. Bis Juni 1941 verdreifachte sich diese Zahl auf 3.723 Mitglieder, dennoch hatte die kommunistische Partei gerade in den ländlichen Gebieten nahezu keinen Einfluss. Auch der Aufbau von kommunistischen Jugendverbänden vergrößerte das pro-sowjetische Potenzial kaum.[282]

Andrejev schreibt außerdem, dass die Stimmung der Studentenschaft zu Beginn der Umgestaltung sowjetfeindlich gewesen sei und sich das auch bis zur Neujahrsfeier nur bedingt geändert habe. Auch prangert Andrejev an, dass die Leitungen der Schulen noch nicht ausgetauscht seien und folgert daraus: „Wie aus alldem hervorgeht, haben die leitenden Genossen der Republik[...], nachdem sie die Illegalität verlassen haben, die Macht noch nicht richtig in die Hände genommen."[283] Die estnische kommunistische Partei hatte allerdings keinen entscheidenden Einfluss auf die Politik

---

[280] Vgl. Myllyniemi: Baltische Krise, Seite 136.
[281] Gräfe: Hakenkreuz, Seite 119.
[282] Vgl. Gräfe: Hakenkreuz, Seite 119.
[283] Zitiert nach: Gräfe: Hakenkreuz, Seite 119-120.

und Entwicklung der Sowjetrepublik, denn die politische Hauptkraft besaßen die von Stalin eingesetzten sowjetischen Gesandten.[284]

Während die Gesellschaft kaum sowjetisiert werden konnte, war die Wirtschaft schnell von diesen Veränderungen betroffen. Die Banken, Versicherungen und größten Industriebetriebe wurden enteignet und verstaatlicht und die Landeswährung von estnischen Kronen auf sowjetische Rubel umgestellt.[285] Der Wechselkurs war dabei außerordentlich schlecht. Zuvor war eine Krone zwischen 10 und 15 Rubel wert, im neuen Wechselkurs entsprach eine Krone 1,25 Rubel.[286] Der dadurch bedingte Preisanstieg um bis zu 50 Prozent konnte weder durch Lohnerhöhungen der Arbeiter noch durch Preisanhebung auf bäuerliche Erzeugnisse und Kreditvergaben ausgeglichen werden. Das Getreideangebot war im Vergleich zum Vorjahr um die Hälfte zurückgegangen, was zu ernsten Versorgungsschwierigkeiten geführt hatte.[287]

Auch in der Landwirtschaft kam es zu schwerwiegenden Veränderungen, die den Großteil der Bevölkerung betrafen. Durch die durchgeführte Landreform durften die jeweiligen Bauern nur 30 Hektar ihres Landes behalten, das übrige Land wurde enteignet und neu verteilt. Das erhaltene Stück Land blieb in „ewigem Besitz" der Landwirte und konnte weder gekauft, verkauft oder weggegeben werden. 20% der estnischen Bauern waren von dieser Reform insgesamt betroffen. Das enteignete Land wurde an besitzlose Bauern übergeben. Da es sich allerdings um sehr kleine Landflächen von 12 Hektar handelte, war es den meisten nicht möglich, ihre eigene Familie damit zu ernähren. Bei dieser Landvergabe handelte es sich weniger um soziale Gerechtigkeit, eher sollte eine neue Gesellschaftsklasse der Bauern entstehen. Einige Kolchosen entstanden ebenfalls zur Zeit der ersten sowjetischen Besatzung. Eine weiträumige Kollektivierung der Landwirtschaft fand in dieser relativ kurzen Zeit der Besatzung allerdings noch nicht statt, war aber sicher geplant.[288]

In Sachen Bildung und Kultur verbesserte sich die Lage der Bevölkerung. Für kulturelle und soziale Maßnahmen wurde sechsmal so viel ausgegeben wie in den Jahren zuvor unter der Regierung Päts. Die Ausgaben für das Gesundheitswesen wurden vervierfacht, es war nun ebenso wie Bildung für alle Bevölkerungsteile zugänglich.[289]

---

[284] Vgl. Gräfe: Hakenkreuz, Seite 120.
[285] Vgl. Gräfe: Hakenkreuz, Seite 120-122.
[286] Vgl. Misiunas: Baltic States, Seite 31.
[287] Vgl. Gräfe: Hakenkreuz, Seite 122.
[288] Vgl. Misinuas: Baltic States, Seite 33-35.
[289] Vgl. Gräfe: Hakenkreuz, Seite 121.

Dennoch kam es in der Bevölkerung zu starkem Widerstand gegen die sowjetischen Besatzer. Besonders auf Grund der zuvor genannten Veränderungen, der Einschränkung der religiösen und politischen Freiheit und der schlechten wirtschaftlichen Situation großer Teile der Bevölkerung, organisierte man sich landesweit gegen die sowjetischen Besatzer in Untergrund. Unterstützung erhielten die Untergrundkämpfer „Waldbrüder" (Metsavennad), zu denen Angehörige des zuvor aufgelösten Verteidigungsbundes (Kaitseliit), des faschistischen Freiheitskämpferbunds (VABS) und der Vaterländische Union (Isamaaliit) gehörten, von Deutschland und Finnland. Im Sommer 1941 soll die Zahl der sogenannten „Waldbrüder" nach Schätzungen estnischer Historiker ca. 12.000 betragen haben.[290] Im Gegensatz zu den den „Waldbrüdern" oft angedichteten Legenden, die man sich seit Wiedererlangung der Unabhängigkeit in der estnischen Öffentlichkeit erzählt, waren die „Waldbrüder" nie eine ernsthafte Gefahr für das sowjetische Regime.[291] Um diese Situation dennoch zu kontrollieren, wandten die Sicherheitsorgane Repressionsmaßnahmen an.

Nachdem bereits kurz nach der Eingliederung in das Sowjetsystem zahlreiche Vertreter der ehemaligen politischen und militärischen Führung verhaftet und in das Innere der Sowjetunion deportiert worden waren, folgten im Juni 1941 Massendeportationen, die große Teile der Bevölkerung nahezu willkürlich betrafen und für Angst und Schrecken sorgten.[292] Die sogenannten „Junideportationen" waren seit langem geplant gewesen und begannen in der Nacht vom 13. auf den 14. Juni. Bereits im Vorfeld waren die „anti-sowjetischen Elemente" in unterschiedlichen Kategorien[293] registriert worden. Den Vorgaben nach sollten die Personen in ihren Wohnungen überraschend aufgesucht und mitsamt der ganzen Familie verhaftet werden. An der Verladestation sollten die Personen dann von ihren Familien getrennt werden, um später in unterschiedliche Lager in der Sowjetunion deportiert zu werden. Außerdem war festgesetzt, dass jede deportierte Person nur 100 kg eigenes Gepäck mitnehmen durfte. Sogar dessen Inhalt war genau festgelegt. Wichtig war zudem, dass die Deportationen „ruhig und ohne

---

[290] Vgl. Gräfe: Hakenkreuz, Seite 123-126.
[291] Vgl. Feest, David: Zwangskollektivierung im Baltikum. Die Sowjetisierung des estnischen Dorfes 1944 - 1953(= Beiträge zur Geschichte Osteuropas, Bd. 40). Köln 2007, Seite 48-51. Im Folgenden zitiert als: Feest: Zwangskollektivierung.
[292] Vgl. Misiunas: Baltic States, Seite 41.
[293] Mylliniemi listet ebenso wie Misiunas und Hiio die Kategorien auf, nach welchen die Betroffenen registriert wurden. Vgl. Mylliniemi: Baltische Krise, Seite 143.; Vgl. Misiunas: Baltic States, Seite 40.; Vgl. Hiio, Toomas: Küüditamine. In: Sõja ja rahu vahel. Okupeeritud Eesti julgeolekupoliitiline olukord sõja alguseni. Hg. v. T. Enn; et al. Tallinn 2010, S. 443–453, Seite 445-446. Im Folgenden zitiert als: Hiio: Küüditamine.

Panik" durchgeführt werden sollten, um mögliche Ausschreitungen der betreffenden oder anderer „sowjetfeindlicher" Personen zu verhindern.[294]

Die Deportationen dauerten in Estland bis zum 19. Juni, denen vom 1.- 3. Juli sogenannte „Nachdeportationen" von den estnischen Inseln folgten. Bis heute differieren die Angaben über die wahre Zahl der Betroffenen in Estland. Toomas Hiio zeigt ausführlich die möglichen Ursachen dafür auf und kommt zu dem Fazit, dass die Zahl der Deportierten aus Estland über 10.000 und unter 11.000 betragen hatte, was circa 1% der damaligen Gesamtbevölkerung ausmachte.[295] Fasst man die Gesamtzahl der Betroffenen zusammen, die durch Deportationen, Massaker, Mobilisierung oder andere Umstände, in der Zeit der ersten sowjetischen Besatzung verschwanden, kommt man auf etwa 60.000 Esten, die dem Regime zum Opfer fielen.[296]

Diese willkürliche Schreckensherrschaft der Sowjets, die sämtliche Bevölkerungsschichten betraf, sorgte in ganz Estland für „Haß und Verachtung gegen die Besatzungsmacht"[297]. Zahlreiche Kollaborateure und Kommunistenveteranen waren nach kurzer Zeit von der neuen Führung enttäuscht und fielen teilweise auch selbst aus verschiedenen Gründen beim Sowjetregime in Ungnade. Im Verlauf des Jahres 1941 hoffte die Bevölkerung wieder verstärkt auf die Möglichkeit, sich von der bolschewikischen Besatzung befreien zu können. Ihr war klar, dass sich in der aktuellen Situation die Lage schnell ändern konnte. Gerade eine Veränderung im Verhältnis der Sowjetunion zu Deutschland würde die Lage Estlands positiv beeinflussen. Und so sah man wieder einmal hoffnungsvoll in Richtung Deutschland.[298]

---

[294] Vgl. Hiio: Küüditamine, Seite 445-448.
[295] Vgl. Hiio: Küüditamine, Seite 448-449.
[296] Vgl. Feest: Zwangskollektivierung, Seite 46.
[297] Myllyniemi: Baltische Krise, Seite 145.
[298] Vgl. Myllyniemi: Baltische Krise, Seite 144-145.

6. Estland unter nationalsozialistischer Herrschaft

Dieses Mal sollten sich die estnischen Hoffnungen erfüllen. Auf Grund des deutschen Angriffs auf die Sowjetunion am 22. Juni 1941 im Zuge des „Barbarossa" Feldzugs endete die deutsch-sowjetische Freundschaft. Im Folgenden soll nun die Situation Estlands zur Zeit der nationalsozialistischen Besatzung vom Einmarsch der Deutschen Truppen im Juli 1941 bis zum Beginn der Kriegshandlungen an der Ostgrenze Estlands 1944 dargestellt werden.

6.1. Deutsche Truppen in Estland

Begonnen wird diese Darstellung mit dem Einmarsch der deutschen Truppen in das sowjet-estnische Territorium und der Reaktion der Bevölkerung auf diese Ereignisse.
In den ersten Tagen des Krieges gegen die Sowjetunion konnte die Wehrmacht enorm schnelle Fortschritte verzeichnen und begann bereits Ende Juni 1941 mit Luftangriffen auf die in Estland befindlichen sowjetischen Stützpunkte. Anfang Juli überschritt die 18. Armee der Heeresgruppe Nord dann die sowjet-estnische Grenze.[299] Die Besetzung Estlands war bei dem Vorstoß nur ein zweitrangiges Ziel Hitlers. Vorrangig sollte die Heeresgruppe Nord Leningrad einkreisen und belagern.[300]
Vom Überraschungsmoment begünstigt[301], konnte Hitler bereits Mitte Juli Süd- und Zentralestland besetzen, wo die Wehrmacht dann aber auf Grund des hartnäckigen Widerstands der Roten Armee für einen Monat zum Stillstand kam und der Blitzfeldzug somit beendet wurde. Das OKW verlegte das XXXXII. Armeekorps zur Unterstützung des XXVI. Armeekorps von Lettland nach Estland. Am 7. August konnten die Infanteriedivisionen 93, 254 und 291 und die Sicherungsdivision 207 den sowjetischen Verteidigungsabschnitt nördlich von Rakvere durchbrechen und bei Kunda die Küste

---

[299] Vgl. Zetterberg, Seppo; et al.: Eesti ajalugu. Tallinn 2009, Seite 503-504. Im Folgenden zitiert als: Zetterberg: Eesti ajalugu.
[300] Hiio, Thomas: Ein kurzer Überblick über Truppenverbände und Kampfhandlungen 1939-1941. In: Vom Hitler-Stalin-Pakt bis zu Stalins Tod. Estland 1939 - 1953. Hg. v. O. Mertelsmann. Hamburg 2005, S. 67–95, Seite 76. Im Folgenden zitiert als: Hiio: Truppenverbände.
[301] In der Sowjetunion hatte man bereits im Frühjahr 1941 mit einem deutschen Angriff gerechnet, allerdings glaubte man, Hitler würde über die Ukraine angreifen. Diese Fehleinschätzung gab Hitler einen zeitlichen Vorsprung, durch welchen das schnelle Vordringen zu Beginn des „Barbarossa" Feldzugs zu erklären ist.

des Finnischen Meerbusens erreichen. Die sowjetische Front in Nordestland war nun aufgesplittert und zog sich von Tartu in Richtung Narva zurück.[302] Die Grenzstadt Narva fiel am 17. August in die Hände der Wehrmacht, welche zwei Tage später die sowjet-russische Grenze überschritt. Nachdem das XXVI. Armeekorps aus Estland abgezogen und die Divisionen des XXXXII. Armeekorps durch neue Soldaten verstärkt worden waren, war die Eroberung Tallinns die Aufgabe des XXXXII. Armeekorps. Aus vier Richtungen griffen die Divisionen 61 (Ausgangsposition Aegviidu), 217 (Ausgangsposition südlich von Rapla), 254 (Ausgangsposition Viitna) und die neu entstandene Gruppe „Friedrich" (Ausgangsposition westlich von Tallinn) am 20. August in Richtung Tallinn an. Die Einheiten der Roten Armee erlitten im Verlauf der Kämpfe herbe Verluste, so dass die Sowjets bereits am 24. August mit der Evakuierung Tallinns begannen. Nach weiteren hohen Verlusten zog die Rote Armee in der Nacht zum 28. August ihre Schiffe ab. Am folgenden Tag wurde bereits die deutsche Kriegsflagge in der Hauptstadt gehisst.[303]

In den folgenden Wochen richteten sich die deutschen Angriffe in Estland gegen die auf den Inseln zurückgebliebenen Schützen- und Baubataillone. Eine Verteidigung der Bataillone, wie sie vom sowjetischen Oberkommando im Juli befohlen worden war, war nicht mehr möglich. Dennoch konnte Hiiumaa als letzte estnische Insel erst am 21. Oktober 1941 von der Wehrmacht eingenommen werden – knappe 3 Monate nach Beginn des deutschen Einmarsches in Estland. Leningrad blieb jedoch für die Wehrmacht auch in der Folgezeit uneinnehmbar.[304]

Angesichts der herannahenden Deutschen kurz nach den Massendeportationen war die sowjetfeindliche Aktivität in Estland stark angestiegen, so dass die Wehrmacht während ihrer Kämpfe auf estnischem Boden von der einheimischen Bevölkerung teilweise militärische Unterstützung erhielt. Vor allem Kämpfer der Untergrundorganisationen, deren Zahl sich nach den Massendeportationen vergrößert hatte, unterstützten die Deutschen. Der zuvor wenig strukturierte und wenig effektive Widerstand hatte sich nun zu Einheiten formiert, welche zumeist von ehemaligen Reserve- oder Verteidigungsbundoffizieren, die den sowjetischen Deportationen entkommen waren, geleitet wurden.[305] Unterstützt wurden die Untergrundkämpfer und somit die Wehrmacht

---

[302] Vgl. Gräfe: Hakenkreuz, Seite 296-297.
[303] Vgl. Hiio: Truppenverbände, Seite 83-85.
[304] Vgl. Gräfe: Hakenkreuz, Seite 298-299.
[305] Vgl. Zetterberg: Eesti ajalugu, Seite 506-507.

zudem von verschiedenen, in Finnland ausgebildeten Diversanten-Einheiten, welche im Verlauf der Kämpfe nach Estland gebracht wurden.[306] Die Einheiten waren zum Teil im Vorfeld von Mitgliedern des sogenannten estnischen Befreiungskomitees in Zusammenarbeit mit der finnischen Heeresleitung und der deutschen Abwehr organisiert für einen solchen Kampf ausgebildet worden.[307] Einige Diversantengruppen wurden bereits im Sommer 1941 in die Wehrmacht eingegliedert, sodass ungefähr 4.000 Esten in den deutschen Einheiten kämpften. Zudem beteiligten sich etwa 12.000 Waldbrüder an den Kämpfen gegen die Rote Armee.[308]

Bei ihrem Einmarsch in Estland wurden die deutschen Truppen von der Bevölkerung teilweise mit Blumen begrüßt. Nach den Erfahrungen der sowjetischen Schreckensherrschaft sahen die Esten den deutschen Einmarsch als langerwartete Rettung und verbanden die veränderte Situation mit der Hoffnung, bald erneut die nationale Unabhängigkeit zu erlangen.[309] Der Großteil der Bevölkerung hatte sich jedoch beim Einmarsch der deutschen Truppen 1941 zurückhaltend verhalten, nicht zu den Waffen gegriffen und die neue Okkupationsmacht militärisch nicht unterstützt.[310] David Feest führt dieses Verhalten auf die Vermutung zurück, dass die meisten Esten die Meinung vertraten, dass erst nach gegenseitiger Schwächung Deutschlands und der Sowjetunion eine Wiedererlangung der Unabhängigkeit denkbar sei. Die geringe Zahl der Mobilisierten in den Jahren 1942 und 1943 im Vergleich zu den Zahlen von 1944, als die Sowjetarmee an der estnischen Grenze stand, unterstützten diese These.[311][312]

Während die Deutschen in Estland einmarschierten und dort auf grundlegende Sympathien und teilweise Unterstützung der Bevölkerung trafen, begannen die sich zurückziehenden Sowjets Anfang Juli in jenen Gebieten, welche zu dem Zeitpunkt noch in sowjetischer Hand waren, mit der Zwangsrekrutierung junger estnischer Männer. Bereits während der sowjetischen Besatzungszeit 1940 waren in Estland etwa 13.000 junge Männer rekrutiert und einige von ihnen in das 22. estnische Territorialschützenkorps eingegliedert, nach sowjetischen Vorgaben ausgebildet und für sowjetische Zwecke verwendet worden.[313]

---

[306] Vgl. Gräfe: Hakenkreuz, Seite 299-300.
[307] Vgl. Myllyniemi: Baltische Krise, Seite 152.
[308] Vgl. Zetterberg: Eesti ajalugu, Seite 507.
[309] Vgl. Misiunas: Baltic States, Seite 44.
[310] Vgl. Feest: Zwangskollektivierung, Seite 46.
[311] Vgl. Feest: Zwangskollektivierung, Seite 47.
[312] Vgl. Tabelle 1 im Anhang.
[313] Vgl. Ojalo, Hanno: Eesti kaitseväest Punaarmee territoriaalkorpuseks. In: Korpusepoisid. Eesti sõjamehed 22. eesti territoriaalkorpuses ja 8. eesti laskurkorpuses Teises maailmasõjas aastatel 1940-

Während die Rekrutierung im Laufe der sowjetischen Besatzung der Erweiterung des Schützenkorps diente, hatte die Rekrutierung im Juli 1941 in erster Linie nur das Ziel, möglichst viele junge Männer aus dem Land zu schaffen, um zu verhindern, dass diese Männer später von den Deutschen angeworben und gegen die Sowjetunion eingesetzt würden. 45.000 Mann kamen bei dieser Rekrutierung zusammen. Etwa 32.000[314] von ihnen wurden vorerst in sowjetische Arbeitsbataillone gebracht. Was genau mit ihnen gemacht werden sollte, war zu dem Zeitpunkt noch nicht klar. Später wurden die Männer in ein neu entstandenes estnisches Schützenkorps, bestehend aus zwei Divisionen, eingegliedert. Dieses Schützenkorps wurde Ende 1942 im Süden Moskaus und im September 1944 bei der Rückeroberung Estlands gegen Deutschland eingesetzt.[315]

6.2. Der „Generalbezirk Estland" – Die Verwaltung Estlands durch die Deutschen

Da sich die Kampfhandlungen auf estnischem Territorium über mehrere Monate hinzogen und sich östliche Teile Estlands noch nah an der Frontlinie zu Leningrad und damit im Operationsgebiet befanden, wurde in Estland erst am 5. Dezember 1941 auf Grundlage des Führererlasses vom 29.11.1941 eine deutsche Zivilverwaltung eingerichtet und das Gebiet dem Reichskommissariat „Ostland" zugeteilt.[316] Zuvor war das Gebiet in Form einer Militärverwaltung durch den Befehlshaber des rückwärtigen Heeresgebiets der Heeresgruppe Nord, General Franz von Roques, verwaltet worden.
Der Aufbau der Zivilverwaltung des Generalbezirks Estland glich dem der anderen Generalbezirke des Reichskommissariats „Ostland". An der Spitze stand der am 5. Dezember eingesetzte Generalkommissar Litzmann, dessen Sitz sich in Tallinn befand. Der Generalbezirk Estland war in 7 Gebietskommissariate[317] aufgeteilt, die von

---

45. Hg. v. T. Noormets; et al. Tallinn 2007, S. 9–22, Seite 14. Im Folgenden zitiert als: Ojalo: Territoriaalkorpus. Die Angabe, dass etwa 13.000 Esten 1940 in die Rote Armee eingegliedert worden waren, stammt ebenfalls von Ojalo. Vgl. Ojalo: Territoriaalkorpus, Seite 6.
[314] So die Angaben bei Zetterberg. Ojalo spricht von 45.000 in die Sowjetunion mobilisierten Männern.
[315] Vgl. Zetterberg: Eesti ajalugu, Seite 506.
[316] Vgl. Moll, Martin (Hg): "Führer-Erlasse" 1939 - 1945. Edition sämtlicher überlieferter, nicht im Reichs-gesetzblatt abgedruckter, von Hitler während des Zweiten Weltkrieges schriftlich erteilter Direktiven aus den Bereichen Staat, Partei, Wirtschaft, Besatzungspolitik und Militärverwaltung. Stuttgart 1997, Seite 209. Im Folgenden zitiert als: Moll: „Führer-Erlasse".
[317] Reval Stadt; Reval Land (Kreise Harju, Järva); Dorpat (Kreise Tartu, Valga, Võru); Pernau (Kreise Pärnu, Viljandi); Narva, mit Sitz in Rakvere (Kreis Viru, ohne Stadt Narva und deren direkte Umgebung auf Grund des militärischen Operationsgebietes); Arensburg (Kreise Saare, Lääne); Pleskau, mit Sitz in Petseri (Kreis Petseri) geplant war zudem ein Gebietskommissariat Nowgorod,

deutschen Gebietskommissaren geleitet wurden. Deren Hauptaufgabe war die Kontrolle der ihnen unterstellten örtlichen estnischen Verwaltungsorgane der sogenannten Selbstverwaltung. Aufgeteilt war diese Funktion meistens in die fünf Abteilungen: Allgemeine Angelegenheiten (Personal, Haushalt, Kanzlei und Kasse); Politik, Journalismus und Kultur; Landwirtschaft; Wirtschaft; Arbeitsamt. Aufgabenbereiche wie Justiz, Finanzwesen, Forstwirtschaft, Post, Telegrafie, Eisenbahn, Polizei und technische Fragen gehörten nicht zu den Zuständigkeitsbereichen der Gebietskommissare. Die örtliche Polizei kooperierte zwar mit den Kommissariaten, war ihnen aber nicht direkt unterstellt. Dennoch waren die Kommissariate in einigen Fällen befugt, selbständig Geldstrafen und Arreste zu verhängen.[318] In den Gebietskommissariaten waren, wahrscheinlich auf Grund des Mangels an deutschem Verwaltungspersonal, nur wenig deutsche Beamte eingesetzt, die jedoch stets das estnische Personal kontrollierten. Ein anderer Grund dafür war sicherlich in dem Gedanken zu finden, den estnischen Behörden und zugleich der Bevölkerung das Gefühl der Handlungsfreiheit zu geben und die estnische Hoffnung auf eine völlige Unabhängigkeit des eigenen Landes aufrecht zu erhalten. Im Falle eines erneuten Krieges gegen die Sowjetunion auf estnischem Boden würde diese Hoffnung zum Kampf gegen die Rote Armee auf der Seite der Wehrmacht motivieren.

Bereits die Militärverwaltung hatte mit der estnischen „Selbstverwaltung", welche schon am 15.9.1941 von General von Roques ernannt wurde, zusammengearbeitet. Diese Selbstverwaltung erstreckte sich über alle Ebenen[319] und unterstand den deutschen Gebietskommissaren der Zivilverwaltung. Eine landeseigene Verwaltung kam auf Grund des geplanten Anschlusses an Deutschland nicht in Frage. Da Uluots als letzter Ministerpräsident des Päts-Regimes, der nach der Deportation von Konstantin Päts das verfassungsmäßige Oberhaupt der estnischen Regierung war, einen estnischen Satellitenstaat anstrebte, war für die deutschen Besatzer eine Zusammenarbeit mit ihm und anderen Vertretern dieses Päts-Regimes ausgeschlossen. Die Deutschen stützten ihre künftige Kollaboration daher auf den Freiheitskämpferbund VABS, allen voran auf dessen Anführer Hjalmar Mäe. Der VABS hatte im Gegensatz zu Uluots erklärt, auf das Streben nach einer estnischen Selbstständigkeit zu verzichten. Einige seiner Mitglieder

---

dieses kam aber nie zustande. Vgl. Maripuu, Meelis; u. a.: Die deutsche Zivilverwaltung in Estland und die estnische Selbstverwaltung. In: Vom Hitler-Stalin-Pakt bis zu Stalins Tod. Estland 1939 - 1953. Hg. v. O. Mertelsmann. Hamburg 2005, S. 96–129, Seite 110-111. Im Folgenden zitiert als: Maripuu: Zivilverwaltung.

[318] Vgl. Maripuu: Zivilverwaltung, Seite 110-111.
[319] Orts-, Kreis-, Provinz- und Landesverwaltung.

hatten bereits vor dem Überfall auf die Sowjetunion mit Deutschland zusammengearbeitet.[320] Die von von Roques eingesetzten und später von Litzmann bestätigten fünf Landesdirektoren[321] der Selbstverwaltung waren entweder wegen ihrer pro-deutschen Einstellung oder ihrer VABS-Vergangenheit und nicht auf Grund großer Führer-Eigenschaften ernannt worden.[322]

Der Aufbau der Selbstverwaltung ähnelte in seiner Grundstruktur dem des Päts-Regimes. Insgesamt wurden sieben Gebiete, darunter die Stadtgebiete Tallinn und Petseri, und fünf ländliche Provinzen errichtet. Die Gebiete unterteilten sich wiederum in elf Landkreise, denen ein Kreisältester bzw. Bürgermeister vorstand.[323]

Anders als die Zivilverwaltung unterstand die Polizei nicht dem Reichskommissariat „Ostland" sondern dem Reichssicherheitshauptamt (RSHA). Die höchste Polizeigewalt in Estland hatte SS- und Polizeiführer Hinrich Möller seit seiner Ernennung am 18. August 1941 inne. Formal unterstanden ihm die Ordnungspolizei, vertreten durch Major Schallert und später Oberst von Thaden, sowie das Sonderkommando 1a, welches von der Zivilverwaltung in Sicherheitspolizei (Sipo) und SD in Estland umbenannt und von SS-Sturmbannführer Dr. Martin Sandberger bzw. später von SS-Sturmbannführer Bernhard Baatz befehligt wurde. Die Unterstellung der Sipo war jedoch eine reine Formalität, da diese de facto direkt dem Befehlshaber der Sicherheitspolizei und SD Ostland in Riga unterstellt war.[324]

Für die Befehligung der örtlichen deutschen und estnischen Polizeieinheiten ernannte der Kommandeur der Ordnungspolizei Schallert in Tartu und Pskov SS- und Polizeistandortführer und in den Gebietskommissariaten Tallinn, Tartu, Petseri, Rakvere und Saaremaa SS- und Polizeigebietsführer. In den Städten Tallinn und Tartu wurde die

---

[320] Vgl. Gräfe: Hakenkreuz, Seite 303-305. Bereits 1939 hatte die deutsche Aufklärung damit begonnen, estnische Beamte zur Zusammenarbeit zu werben, um Informationen zu sammeln, die eine Durchführung der Ziele in Estland erleichtern sollten. Einige der Kollaborateure, wie beispielsweise Mäe hatten im Rahmen der Umsiedlung sogar die deutsche Staatsangehörigkeit erhalten und setzten sich bereitwillig für die Interessen Deutschlands ein.
[321] Mäe (verantwortlich für Personalfragen, Kultur, Unterricht, Propaganda und Rechtswesen), Angelus (verantwortlich für Polizei und OK), Wendt (verantwortlich für Wirtschaftsfragen), Leesment (verantwortlich für soziale Fragen) und Saar (verantwortlich für die Landwirtschaft). Die Direktorate wurden später durch ein Direktorat für Technik (Raadik) erweitert und Öpik als Verantwortlicher für das Rechtswesen in die Verwaltung berufen. Vgl. Isberg, Alvin: Zu den Bedingungen des Befreiers. Kollaboration und Freiheitsstreben in dem von Deutschland besetzten Estland 1941 – 1944 (= Acta Universitatis Stockholmiensis, Studia Baltica Stockholmiensia, 10). Stockholm 1992, Seite 48. Im Folgenden zitiert als: Isberg: Bedingungen.
[322] Vgl. Isberg: Bedingungen, Seite 48-49.
[323] Vgl. Gräfe: Hakenkreuz, Seite 310-311.
[324] Kuusik, Argo: Die deutsche Vernichtungspolitik in Estland 1941-1944. In: Vom Hitler-Stalin-Pakt bis zu Stalins Tod. Estland 1939 - 1953. Hg. v. O. Mertelsmann. Hamburg 2005, S. 130–150, Seite 130-133. Im Folgenden zitiert als: Kuusik: Vernichtungspolitik.

Schutzpolizei unter Führung des Kommandeurs der Ordnungspolizei und in den anderen Orten die Gendarmerie unter Kommando von Hauptmann Schulthes eingesetzt. Schulthes unterstand ebenfalls dem Kommandeur der Ordnungspolizei.[325]

Das Sonderkommando 1a unter der Leitung Martin Sandbergers war mit der Wehrmacht bereits im Juli 1941 nach Estland vorgerückt.[326] Seine Teilkommandos richteten während dieses Vormarsches an verschiedenen Orten Stützpunkte ein, die später zu Außenstellen des Kommandeurs der Sicherheitspolizei und des SD Estland wurden.[327] Sofort nach dem Eintreffen des Sonderkommandos bzw. der Teilkommandos begann man mit der Durchführung „sicherheitspolizeilicher Sofortmaßnahmen". Gemeint sind damit „Durchsuchungsaktionen nach Kommunisten und Partisanen, Beschlagnahme von NKWD-Akten und Waffen, Verhaftungen, eine [...] durchgreifende Reinigung der Stadtverwaltung von unsauberen Elementen, Vernehmungen von Inhaftierten, sicherheitspolitische Überprüfungen von neu einzustellenden Personen, inklusive Hilfspolizeiformationen."[328]

Eine Zusammenarbeit des Sonderkommandos 1a bzw. der späteren Sicherheitspolizei mit dem estnischen Selbstschutz (Omakaitse[329]) kam sehr schnell zustande und verhalf der Sipo über den Mangel an Personal, der sich nicht nur hier, sondern auch in der Wehrmacht und der Ordnungspolizei bemerkbar gemacht hatte, hinweg.[330]

Die Struktur der estnischen Polizei, welche hauptsächlich aus ehemaligen Polizisten des Päts-Regimes und dem Selbstschutz zusammengestellt worden war, veränderte sich im Laufe der Besatzung einige Male. Formell, um das Vertrauensverhältnis zwischen der estnischen Bevölkerung und der eigenen Polizei nicht zu beeinträchtigen, war sie dabei stets den estnischen Direktoren unterstellt. Tatsächlich unterstand sie aber immer Vertretern der deutschen Besatzungsmacht und stellte nur ein Vollzugsorgan des Besatzungsregimes dar.[331]

---

[325] Vgl. Kuusik: Vernichtungspolitik, Seite 131-132.
[326] Vgl. Hiio: Truppenverbände, Seite 93.
[327] Vgl. Kuusik: Vernichtungspolitik, Seite 131.
[328] Birn, Ruth Bettina: Die Sicherheitspolizei in Estland 1941-1944. Eine Studie zur Kollaboration im Osten (= Sammlung Schöningh zur Geschichte und Gegenwart). Paderborn 2006, Seite 24. Im Folgenden zitiert als: Birn: Sicherheitspolizei.
[329] Die Mitglieder des estnischen Selbstschutzes (Omakaitse) gehörten ursprünglich antisowjetischen Partisanengruppen an und wurden von den deutschen Besatzern zu estnischen Milizeinheiten strukturiert. Die Struktur des Selbstschutzes ähnelte dem ehemaligen estnischen Verteidigungsbund (Kaitseliit) der Päts-Zeit. Das weitgehend auf freiwilliger Basis gebildete Netz war in allen estnischen Provinzen entstanden und bestand im Dezember 1941 aus etwa 44.000 Mitgliedern. Die Omakaitse unterstand offiziell der Polizei- und Selbstschutzbehörde und somit dem Landesdirektor für Inneres. Vgl. Gräfe: Hakenkreuz, Seite 320.
[330] Vgl. Birn: Sicherheitspolizei, Seite 28.
[331] Vgl. Gräfe: Hakenkreuz, Seite 318.

6.3. Kollaboration deutscher und estnischer Einheiten und deren Verbrechen

Wie aus dem vorangegangenen Kapitel hervorgeht, kam es während der deutschen Besatzung Estlands allein schon auf Grund des deutschen Personalmangels zur Kollaboration estnischer Einheiten mit ihren Besatzern. Bevor im Folgenden auf den Punkt der Kollaboration eingegangen wird, sei kurz der Unterschied zwischen Zusammenarbeit/Kooperation und Kollaboration erläutert. Zusammenarbeit oder Kooperation kennzeichnet zwei gleich starke Partner, die ein gemeinsames Ziel verfolgen. Kollaboration hingegen bezeichnet im historischen Sinne die teilweise erzwungene Zusammenarbeit einer Bevölkerung mit ihrem Besatzungsregime.

Für die Esten gab es unterschiedliche Gründe, mit den Deutschen zu kollaborieren. In einigen Fällen dürfte es die Hoffnung auf einen beruflichen Aufstieg, in anderen Fällen die Möglichkeit gewesen sein, sich an den ehemals starken Kommunisten und Bolschewiki für die Leiden in der Sowjetzeit zu rächen. Häufig war es aber vor allem die Angst bzw. Androhung, bei Verweigerung der Kollaboration als politischer Gegner beseitigt zu werden. Dies gilt es bei der Betrachtung zu beachten, denn ein Ausweg wäre für viele Esten nur die Flucht ins Ausland gewesen. Die Esten waren stets das schwächere Glied, welches den Befehlen der deutschen Besatzer Folge leisten musste und als eine Art Exekutivorgan fungierte. Dennoch fällt es schwer allgemein zu beurteilen, inwieweit es sich bei manchen Handlungen um einen deutschen Befehl oder aber um freies Handeln der estnischen Exekutive gehandelt hatte.

Dass die Esten in den Augen der Deutschen nur „Hilfsarbeiter" darstellten, darauf deuten auch die Absichten Hitlers mit Estland hin. Kurzfristige Ziele sollten zum einen die wirtschaftliche Ausbeutung und zum andern die Gewinnung von Soldaten für die deutsche Wehrmacht sein. Langfristig sollte Estland in das Dritte Reich eingegliedert und germanisiert werden.[332] Dennoch fand die estnische Kollaboration in unterschiedlichen Bereichen und bereits vor dem Überfall auf die Sowjetunion statt. Als „Schlüsselfigur der Kollaboration" benennt Karl-Heinz Gräfe den ersten Direktor der estnischen Selbstverwaltung Hjalmar Mäe. Bereits vor Ausbruch des Krieges war er in engem Kontakt mit der NSDAP und der SS gestanden. Wie auch andere pro-deutsch eingestellte Esten war auch er 1940 vor den Sowjets geflüchtet und bereits vor dem

---

[332] Vgl. Mertelsmann, Olaf: Vom Hitler-Stalin-Pakt bis zu Stalins Tod. Estland 1939-1953. In: Vom Hitler-Stalin-Pakt bis zu Stalins Tod. Estland 1939 - 1953. Hg. v. O. Mertelsmann. Hamburg 2005, S. 31–50, Seite 39. Im Folgenden zitiert als: Mertelsmann: Hitler-Stalin-Pakt.

Überfall in Deutschland als Kollaborateur ausgebildet worden. Von Deutschland initiiert reiste Mäe Anfang Mai 1941 nach Helsinki, wo er am 31. Mai gemeinsam mit anderen estnischen Führungskräften das „estnische Befreiungskomitee" gründete, welches zwischenzeitlich die oberste Staatsgewalt Estlands darstellte.[333] Das Befreiungskomitee arbeitete eng mit Deutschland zusammen und bereitete bereits die Entrechtung der Juden vor.[334] Auch war es dieses Befreiungskomitee, welches in Zusammenarbeit mit der finnischen Abwehr estnische Diversanten ausgebildet und diese während des Vorstoßes der Wehrmacht zur Unterstützung der deutschen Truppen nach Estland entsendet hatte. Mäe war als estnischer Faschist mit deutscher Staatsbürgerschaft eine Vertrauensperson der Deutschen, auf welche die Kollaboration aufgebaut werden konnte.[335] Dennoch war auch Mäe nur ein Mittel zum Zweck für die Deutschen und politisch voll und ganz der deutschen Kontrolle unterstellt.

Als Kollaboration der Bevölkerung hingegen kann die Teilnahme an den Kämpfen gegen die Rote Armee und der Eintritt in verschiedene Organisationen gesehen werden. Bereits Ende August 1941 erging ein Aufruf zum freiwilligen Dienst in der Wehrmacht an alle estnischen Männer zwischen 18 und 45 Jahren. Nach politischer und „rassischer" Überprüfung wurden 3.720 der 20.000 Freiwilligen in sechs Sicherheitsabteilungen eingeteilt und der 18. Armee übergeben. Ab Mai 1942 beteiligten sich die Abteilungen an den Kämpfen an der Leningrader Front. Neben den Sicherheitsabteilungen kämpften auch Einheiten der Schutzmannschaft, welche aus weiteren Freiwilligen und Mitgliedern des estnischen Selbstschutzes (der Omakaitse) entstanden waren, an der deutschen Front.[336]

Neben den an der Front formierten Esten waren bereits 1941 ein estnisches Grenzverteidigungsregiment der Marine und eine estnische Fliegertruppe mit drei Fliegerstaffeln aufgebaut worden.[337] Zudem kollaborierten die Angehörigen der „Omakaitse" und der estnischen Polizei mit den deutschen Einheiten im Landesinneren. Gerade die Einheiten der „Omakaitse" waren sofort nach dem Eintreffen der Wehrmacht aktiv und leisteten sich an verschiedenen Orten erbitterte Kämpfe mit den lokalen kommunistischen Kräften.[338] Noch bevor die Wehrmacht eingetroffen war und die Zusammenarbeit

---

[333] Vgl. Gräfe: Hakenkreuz, Seite 306-307.
[334] Vgl. Pohl, Dieter: Die Herrschaft der Wehrmacht. Deutsche Militärbesatzung und einheimische Bevölkerung in der Sowjetunion 1941 – 1944 (= Quellen und Darstellungen zur Zeitgeschichte, 71). Oldenbourg 2008, Seite 82. Im Folgenden zitiert als: Pohl: Wehrmacht.
[335] Vgl. Gräfe: Hakenkreuz, Seite 307-309.
[336] Vgl. Gräfe: Hakenkreuz, Seite 318-321.
[337] Vgl. Gräfe: Hakenkreuz, Seite 321-322.
[338] Bzw. Personen, die als Kommunisten bekannt waren.

aufgenommen hatte, wurden die ersten Personen, die man für Kommunisten hielt, erschossen.[339] Nach Eintreffen der Deutschen wurden dann „Omakaitse"- Einheiten gegründet, welche auf deutschen Befehl hin das Hinterland der Front von feindlich gesinnten kommunistischen „Elementen" säubern sollten. Wer hingerichtet werden sollte, entschied eine Kommission der „Omakaitse".[340]

Als sich die Besatzungsmacht gefestigt hatte, waren die Außenstellen der estnischen Politischen Polizei für die Durchführung von politischen Strafverfahren zuständig. Für deren Durchführung gab es eine feststehende Verfahrensweise. Die Sitzungen wurden in An- oder Abwesenheit der Beschuldigten unter der Leitung einer dreiköpfigen Kommission[341] durchgeführt. Dennoch musste der Kommandeur der Sicherheitspolizei, Martin Sandberger, den Hinrichtungen erst zustimmen. In seinem Jahresbericht dokumentierte Sandberger am 1. Juli 1942 die Verhaftung von 7.438 Personen wegen kommunistischer Aktivität. Von diesen Personen waren 4.691 hingerichtet und zahlreiche in Konzentrationslager eingewiesen worden.[342]

Zu den Aufgaben der estnischen Sicherheitspolizei und der „Omakaitse", deren Mitgliederzahl bis Herbst 1943 auf 85.000 Personen angestiegen war[343], gehörte auch die Verhaftung aller Juden. Bereits am 31.1.1942 meldete das Einsatzkommando A im zweiten Stahlecker-Bericht Estland als „judenfrei". In dem Bericht ist von 963 ermordeten Juden in Estland die Rede. Im Jahresbericht der Sicherheitspolizei vom 1. Juli 1942 werden 931 jüdische Opfer genannt. Eine estnische Aufstellung listet 931 jüdische Opfer und 10 Überlebende auf. Zusammen mit hier nicht eingerechneten Ermordungen in der Folgezeit kommen Argo Kuusik und Ruth Bettina Birn auf knapp 1.000 getötete estnische Juden während der deutschen Besatzungszeit.[344] Anfang 1942 soll es zudem zur Erschießung von 450 zuvor nach Pskov verschleppten estnischen Juden gekommen sein.[345]

Anders als in anderen osteuropäischen Staaten war die Ermordung der Juden in Estland jedoch keine vorrangige Aufgabe. Von den vor dem Krieg knapp 4.500 in Estland lebenden Juden waren bereits einige hundert bei den Deportationen 1941 in die

---

[339] Vgl. Birn: Sicherheitspolizei, Seite 73.
[340] Vgl. Kuusik: Vernichtungspolitik, Seite 136.
[341] Bestehend aus einem Referenten oder seinem Stellvertreter, aus einem Oberassistenten der Politischen Polizei und aus einem Vertreter der Kriminalpolizei. Vgl. Kuusik: Vernichtungspolitik, Seite 137.
[342] Vgl. Kuusik: Vernichtungspolitik, Seite 137.
[343] Vgl. Gräfe: Hakenkreuz, Seite 320.
[344] Vgl. Kuusik: Vernichtungspolitik, Seite 142.
[345] Vgl. Weiss-Wendt, Anton: Murder without hatred. Estonians and the Holocaust (= Religion, theology, and the Holocaust). Syracuse 2009, Seite 127-128. Im Folgenden zitiert als: Weiss-Wendt: Murder.

Sowjetunion verschleppt worden. Zahlreiche Juden waren zudem im Sowjetsystem aktiv gewesen und flüchteten noch vor dem Einmarsch der Wehrmacht in die Sowjetunion.[346] Viele der knapp 1.000 getöteten Juden, in Estland ein Achtel der insgesamt getöteten Personen,[347] wurden auch auf Grund ihrer ehemaligen kommunistischen Tätigkeit ermordet.[348]

Abgesehen von der aktiven Mitarbeit der estnischen Einsatztruppen bei der Eliminierung von „Volksfeinden", der Beteiligung estnischer Männer an verschiedenen Abschnitten der Ostfront und der Kollaborateure in der estnischen Verwaltung waren weitere 30.000 Esten als Zwangsarbeiter in der deutschen Wirtschaft tätig.[349]

Abschließend kann festgehalten werden, dass die Kollaboration in Estland besonders ausgeprägt war und den Kollaborateuren teilweise sehr zentrale Funktionen übertragen wurden. Sogar Stimmungs- und Lageberichte wurden teilweise von Esten verfasst. Zurückzuführen ist dieses Phänomen auf die Einschätzung der Nationalsozialisten, dass der Großteil der Esten ganz oben auf der „rassischen" Leiter stünde[350] und zwei Drittel der Esten als „eindeutschungsfähig" galten.[351] Birn stellt zudem fest, dass die Esten bei der Verfolgung von „Volksfeinden" „viel stärker antirussisch eingestellt [waren] als ihre deutschen Kollegen."[352] Das radikale Vorgehen gegen Kommunisten und deren Sympathisanten erklärt Birn mit der Erfahrung während der Sowjetherrschaft. Die sowjetischen Deportationen waren vor allem auch gegen die Mitglieder der Polizei der Regierung Päts gerichtet gewesen, welche in der Zwischenkriegszeit die Kommunisten des Landes stark verfolgt hatten. Die Überlebenden des sowjetischen Terrors hatten sich im Sommer 1941 im Untergrund formiert und waren dann in die „Omakaitse" eingetreten. Das Blatt hatte sich mit dem Einmarsch der Deutschen in Estland jedoch wiederum gewendet und aus den zuvor Gejagten wurden wieder Jäger.[353] Die Esten kollaborierten aber auch tatkräftig bei der Verfolgung anderer Gruppen wie „Asozialer" oder Juden, auch wenn laut Birn „der antisemitische Impetus von der deutschen Seite ausging."[354]

---

[346] Vgl. Kuusik: Vernichtungspolitik, Seite 139.
[347] Vgl. Mertelsmann: Hitler-Stalin-Pakt, Seite 38.
[348] Vgl. Birn: Sicherheitspolizei, Seite 160.
[349] Vgl. Myllyniemi, Seppo: Die Neuordnung der baltischen Länder, 1941-1944, Helsinki 1973, Seite 239. Im Folgenden zitiert als: Myllyniemi: Neuordnung.
[350] Vgl. Birn: Sicherheitspolizei, Seite 261.
[351] Vgl. Isberg: Bedingungen, Seite 92.
[352] Birn: Sicherheitspolizei, Seite 260.
[353] Vgl. Birn: Sicherheitspolizei, Seite 258.
[354] Birn: Sicherheitspolizei, Seite 260.

6.4. Die Entwicklung des Verhältnisses der Bevölkerung gegenüber den Besatzern

Der Zeitpunkt, zu dem die Wehrmacht in Estland und den anderen Baltischen Staaten einmarschierte, hätte für Hitler nicht günstiger sein können. Noch kurz vor dem Überfall auf die Sowjetunion hatte die Bevölkerung unter den sowjetischen Massendeportationen gelitten, so dass es kaum verwunderlich ist, dass die Deutschen als „Retter und Befreier" empfangen wurden.[355] Im vorangegangenen Kapitel wurde die weitreichende Kollaboration in Estland dargestellt. Nun soll gezeigt werden, wie sich das Verhältnis der Bevölkerung gegenüber den neuen Besatzern entwickelte.

Nachdem man im Sommer 1941 in zahlreichen Bevölkerungskreisen „zu einer weitgehenden Zusammenarbeit mit den Deutschen bereit"[356] war, wurde diese Unterstützung jedoch von diesen abgelehnt. Denn die estnischen Vorstellungen davon wollten die Deutschen auf Grund ihrer Fernziele nicht mittragen. Wie zuvor erwähnt war Jüri Uluots als verfassungsmäßiges Oberhaupt der estnischen Regierung bereit, eine deutschfreundliche Regierung zu formen.[357] Da er aber die Hoffnung auf staatliche Unabhängigkeit in Form eines Satellitenstaates anstrebte, wurde er von den Deutschen bei der Bildung der estnischen Selbstverwaltung nicht berücksichtigt. Die Hoffnung, die Uluots im Sommer 1941 bezüglich der zukünftigen Gestaltung Estlands hatte, entsprach der Hoffnung des Großteils der Bevölkerung. Das Land, welches bereits in der Zwischenkriegszeit eine Bindung an Deutschland gesucht und Deutschland stets als möglichen Retter gesehen hatte, betrachtete jetzt, nach dem sowjetischen Terror und dem im Jahr zuvor erlittenen Verlust der Unabhängigkeit, Deutschland weniger als Besatzungsmacht denn als Retter der Unabhängigkeit. Dass Hitler ganz andere Ziele mit dem Land im Osten hatte, wurde der Bevölkerung aber recht schnell bewusst.

Bald wurde auch das neue Besatzungsregime angezweifelt. Besonders bemängelte man, dass es die Überreste der bolschewistischen Herrschaft nicht abgeschafft hatte.[358] Vor allem in der Wirtschaft und Verwaltung hatten die Besatzer führende Positionen übernommen, was Unmut in der Bevölkerung hervorrief. Denn eigentlich hatte man in Estland erwartete, dass die zuvor im Zuge der sowjetischen Verstaatlichung enteigneten

---

[355] Vgl. Myllyniemi: Neuordnung, Seite 134.
[356] Myllyniemi: Neuordnung, Seite 134.
[357] Vgl. Uluots, Jüri: Memorandum Eesti seisundi kohta. In: Seaduse sünd. Eesti õiguse lugu. Hg. v. H. Runnel. Tartu 2004, S. 386–388, Seite 388. Im Folgenden zitiert als: Uluots: Memorandum.
[358] Vgl. Weiss-Wendt: Murder, Seite 66.

Besitztümer von den Deutschen sofort zurückgegeben würden. Das war nicht passiert, denn sämtliche Großunternehmen waren genauso wie das gesamte estnische Staatseigentum unter deutsche Treuhandverwaltung gestellt worden, schrittweise in die Hände deutscher Monopolgesellschaften geraten und in deutschen Besitz überführt worden.[359]

Ein weiterer Schritt, welcher der Bevölkerung klar machte, dass die Deutschen die Kontrolle des Landes übernehmen würden, war die Einsetzung der Zivilverwaltung anstelle der Militärverwaltung. Die Verwaltung des Landes ging nunmehr von den Deutschen und nicht, wie zuvor erhofft, von der Selbstverwaltung aus. Ein weiterer Faktor, der den Unmut der Bevölkerung steigerte, waren die „völlig unzureichenden Lebensmittelrationen"[360] für Esten, welche weitaus geringer waren als die der Deutschen.[361]

Auch das Vertrauen in die von den Deutschen eingesetzte Selbstverwaltung und das Ansehen des ersten Direktors Mäe schwanden im Laufe der Besatzungszeit.[362] Dennoch hatten die Deutschen bei der Befreiung des Landes vom Bolschewismus geholfen und der Hass gegenüber den Bolschewiki war größer als der gegen die Deutschen. Da man sich dessen bewusst war, „daß es ohne deutsche Hilfe keine Rettung vor dem Bolschewismus gab"[363], war man in Estland jedoch bereit, auch weiterhin mit den Deutschen gegen den Bolschewismus zu kämpfen - auch wenn man nicht aufhörte, die Deutschen zu hassen.[364] Vertrauliche Meldungen der Deutschen bestätigen diese estnische Haltung:

"Vertraulich: Die Beziehungen zwischen Esten und Deutschen haben sich nicht verbessert. Nur durch die Tatsache, dass die Esten nur mit deutscher Hilfe fähig sind, die Russen abzuwehren wird die jetzige Zusammenarbeit ermöglicht. Wenn aber eine dritte Macht, zum Beispiel England, Estlands Grenzen garantieren würde, würde ich keinen Moment daran zweifeln, dass sich die Esten gegen die Deutschen erheben würden."[365]

Zudem hält Alvin Isberg die meisten Beamten der Selbstverwaltung für taktische Kollaborateure. Mit dem Ziel, ein freies Estland zu schaffen, arbeiteten diese, so Isberg, jedoch trotz ihrer Antipathie gegen die NS-Ideologie mit den Deutschen zusammen. So

---

[359] Vgl. Isberg: Bedingungen Seite 59-60.
[360] Myllyniemi: Neuordnung, Seite 135.
[361] Vgl. Myllyniemi: Neuordnung, Seite 135.
[362] Vgl. Myllyniemi: Neuordnung, Seite 146.
[363] Isberg: Bedingungen, Seite 47.
[364] Vgl. Weiss-Wendt: Murder, Seite 67.
[365] Aarma, Kiru; et al.: Sinimäed (Dokumentation, Produzent: K. Aarma; Regisseur: R. Jõerand). Tallinn 2006, Stelle: 9 Min. 5 Sek. Im Folgenden zitiert als: Aarma: Sinimäed.

sollten schädliche NS-Einwirkungen in der estnischen Verwaltung verhindert und die Verwaltung an sich dennoch aufrecht erhalten werden. Isberg ist außerdem der Ansicht, dass die zuvor positive Einstellung der Beamten und der Bevölkerung zu den Okkupanten erst ab dem Zeitpunkt umschlug, als „ihnen bewusst wurde, daß von NS-Deutschland keine Selbständigkeit für Estland zu erwarten war."[366]

Eine einflussreiche Untergrundorganisation gegen die Nationalsozialisten hatte es in den ersten Besatzungsjahren nicht gegeben. Erst im März 1944, gegen Ende der Besatzungszeit, hatte sich die gesamte politische Opposition der Zwischenkriegszeit zusammengeschlossen und gemeinsam mit Jüri Uluots ein Nationalkomitee gegründet. Es verfügte über Kontakte zu den noch immer in Finnland und Schweden befindlichen estnischen Gesandten. Das Ziel des Nationalkomitees war es, in der Zeit zwischen dem deutschen Rückzug, welcher zu dem Zeitpunkt bereits sehr wahrscheinlich war, und dem Einmarsch der Roten Armee eine provisorische Regierung und einen effektiven Widerstand gegen die herannahende Rote Armee zu errichten.[367] Der Einfluss der Gruppe um Uluots auf die Bevölkerung wurde immer größer. Deshalb arbeitete das Okkupationsregime bereits seit Ende 1943 stärker mit ihr als mit der in der Bevölkerung schlecht angesehenen Selbstverwaltung zusammen.[368] Auch dem Nationalkomitee scheint wie der Selbstverwaltung die Notwendigkeit der Zusammenarbeit klar gewesen zu sein. Gerade bei der Mobilmachung junger Männer für die Wehrmacht im Jahre 1944 sollte sich der Einfluss dieser Gruppierung zeigen.

Aus einem Vergleich der beiden Besatzungsregime schlussfolgert Olaf Mertelsmann, dass die deutsche Besatzung im Vergleich mit der sowjetischen das kleinere Übel für die Bevölkerung dargestellt hat.[369]

---

[366] Isberg: Bedingungen, Seite 47.
[367] Vgl. Misiunas: Baltic States, Seite 66.
[368] Vgl. Gräfe: Hakenkreuz, Seite 336-337.
[369] Vgl. Mertelsmann: Hitler-Stalin-Pakt, Seite 38.

7. Der Zweite Weltkrieg erneut auf estnischem Boden

Karl-Heinz Frieser bezeichnet die Kriegsperiode zwischen Sommer 1943 und Sommer 1944 an der Ostfront auf Grund der vergleichsweise wenigen militärgeschichtlichen Darstellungen als „vergessenes Kriegsjahr". Dabei hatte die Rote Armee gerade in dieser Phase des Krieges sehr große Erfolge zu verzeichnen. Die Operationen hatten sich zwischen Schwarzem Meer und Ostsee abgespielt und der Sowjetunion war es gelungen, die Wehrmacht vom Kursker Bogen bis zu den Karpaten abzudrängen und somit fast die gesamte Ukraine zurückzuerobern. Jedoch waren die Verluste der Roten Armee im Vergleich zu jenen der Wehrmacht zumeist fünf bis zehn Mal so hoch, wodurch der Sieg teuer erkauft war. Erst im Sommer 1944 änderte die Rote Armee ihre zuvor ineffektive Angriffsstrategie, sodass Siege mit weniger Gefallenen erzielt wurden.[370]

In diesen Zeitraum fallen auch die Kriegshandlungen um und in Estland. Im Folgenden sollen die Bedeutung des Landes für Hitler und Stalin und die weiteren Entwicklungen in Estland im Jahr 1944 bis zur erneuten Besetzung durch die Rote Armee dargestellt werden.

7.1. Die Bedeutung Estlands für Hitler und Stalin

Dass die Kämpfe um und in Estland vergleichsweise lange dauerten und zeitweise mit äußerster Härte stattfanden, hängt mit der Bedeutung Estlands für Stalin und Hitler zusammen. Hitler hatte verschiedene Gründe, Estland zu halten. Zum einen war es der Kontakt zu den verbündeten Finnen, der über Estland garantiert wurde. Bündnispartner Finnland entlastete die deutsche Wehrmacht an einem langen Frontabschnitt die deutsche Wehrmacht im Kampf gegen die Rote Armee. Zum anderen war die strategische Lage Finnlands für Deutschland von Vorteil. Sie sicherte nicht nur die Zufuhr zum neutralen Schweden, sondern garantierte auch die Versorgung der

---

[370] Vgl. Frieser, Karl-Heinz: Das Ausweichen der Heeresgruppe Nord von Leningrad ins Baltikum. In: Die Ostfront 1943/44. Der Krieg im Osten und an den Nebenfronten (= Das Deutsche Reich und der Zweite Weltkrieg, hg. vom Militärgeschichtlichen Forschungsamt, 8). Hg. v. K.-H. Frieser. Stuttgart 2007, S. 277–296, Seite 277. Im Folgenden zitiert als: Frieser: Das Ausweichen der Heeresgruppe Nord.

deutschen Truppen im Norden Norwegens. Außerdem waren die Finnen der einzige Nickellieferant des Deutschen Reiches und lieferten weitere kriegswichtige Waren.[371] Somit war die Erhaltung des Kontaktes zu den finnischen Verbündeten die stetige Begründung Hitlers für die Aufrechterhaltung der Kampfhandlungen an den estnischen Frontabschnitten. Weitere Gründe, Estland zu halten, waren für Hitler das dort produzierte Schieferöl, das von der Marine benötigt wurde und somit von großer kriegswirtschaftlicher Bedeutung war. Zudem war der Besitz der estnischen Küste die Voraussetzung für eine Blockade der sowjetischen Flotte. Hitler befürchtete, diese könnte nach einem deutschen Rückzug die Minensperren im Finnischen Meerbusen durchbrechen und in die Ostsee eindringen. Die östliche Ostsee diente damals als Marineausbildungsbasis, die für Hitler große Bedeutung für die Vorbereitung eines Seekriegs mit Großbritannien besaß. Nicht zuletzt befürchtete Hitler, dass eine Einschränkung seiner Ostseeherrschaft die Beziehungen zu Schweden beeinträchtigen könnte. Deutschland war nämlich auf die jährlich neun Millionen Tonnen Erz aus Schweden angewiesen."[372]

Auch Stalin kannte die strategischen Vorzüge des Finnischen Meerbusens. Nicht zuletzt deshalb hatte er bereits vor Ausbruch des Krieges mit Deutschland großes Interesse an den Gebieten gezeigt und war auf den Pakt mit Hitler eingegangen, der ihm die Annektion der Gebiete südlich des Finnischen Meerbusens ermöglicht hatte. Bereits in der Zwischenkriegszeit hatte er auf eine Angliederung der Staaten hingearbeitet und schon zu diesem Zeitpunkt die Wichtigkeit des Zugangs zu einem eisfreien Hafen bekundet. Außerdem sah man in der Sowjetunion die Gebiete als Teil des eigenen Staates an, die zurückerobert werden mussten. Während der Kampfhandlungen 1944 hatte Estland jedoch auch kriegsstrategische Bedeutung für Stalin. Zum einen wollte er durch die Invasion und Okkupation Estlands einen Pfad in die Baltische See eröffnen und sowohl von Süden als auch von Osten in Finnland einmarschieren, zum andern sollte die deutsche Division Nord eingekreist und zerstört werden. Kriegsstrategisch

---

[371] Vgl. Schumann, Wolfgang; et al.: Der Zusammenbruch der Defensivstrategie des Hitlerfaschismus an allen Fronten (Januar bis August 1944) (= Deutschland im Zweiten Weltkrieg, 5). Köln 1984, Seite 521. Im Folgenden zitiert als: Schumann: Zusammenbruch der Defensivstrategie.

[372] Schumann, Wolfgang; et al.: Die Zerschlagung des Hitlerfaschismus und die Befreiung des deutschen Volkes (Juni 1944 bis zum 8. Mai 1945) (= Deutschland im Zweiten Weltkrieg, 6). Köln 1985, Seite 72. Im Folgenden zitiert als: Schumann: Zerschlagung des Hitlerfaschismus.; Sowie vgl. Frieser, Karl-Heinz: Die Rückzugskämpfe der Heeresgruppe Nord bis Kurland. In: Die Ostfront 1943/44. Der Krieg im Osten und an den Nebenfronten (= Das Deutsche Reich und der Zweite Weltkrieg, hg. vom Militärgeschichtlichen Forschungsamt, 8). Hg. v. K.-H. Frieser. Stuttgart 2007, S. 622–678, Seite 626-627. Im Folgenden zitiert als: Frieser: Rückzugskämpfe.

sollte ein gezielter Angriff in Richtung Ostpreußen erfolgen, um somit den Krieg auf deutschen Boden zu bekommen.[373]

7.2. Der Rückzug der Heeresgruppe Nord auf die Panther-Stellung (14. Januar bis 1. März 1944)

Im Januar 1944 erfolgten nicht nur am Süd-, sondern auch am Nordflügel der Ostfront großräumige Angriffsoperationen der Roten Armee. Ziel im Norden war es, die Blockade und Gefährdung Leningrads aufzuheben, den Weg ins Baltikum zu öffnen, günstige Voraussetzungen für die Befreiung Kareliens zu schaffen und der Baltischen Rotbannerflotte wieder Handlungsmöglichkeiten in der Ostsee zu geben.[374] Für den Angriff wurden sämtliche Einheiten der Roten Armee aufgefüllt und mit neuem Kriegsmaterial ausgestattet. Neben Pionieren, Selbstfahrlafetten und Fernfliegerkräften waren es auch etwa 43.000 Partisanen, die die Heeresgruppe Nord ab 21. Januar 1944 zum Rückzug aus Leningrad zwangen.[375] Bereits am 20. Januar hatte Generalfeldmarschall von Küchler den Rückzug auf die sogenannte „Panther-Stellung" empfohlen. Diese Forderung wurde zwei Tage später von Hitler abgelehnt. Auch den Kompromiss, die besonders bedrängte 18. Armee auf eine Zwischenstellung am Fluss Luga zurückzuziehen, lehnte Hitler ab.[376] Um die 18. Armee „vor der Vernichtung zu bewahren" entschied die Führung der Heeresgruppe Nord eigenmächtig, die Armee auf die Luga-Stellung ausweichen zu lassen. Diese Maßnahme rettete die 18. Armee, führte aber zur sofortigen Entlassung des Generalfeldmarschalls Küchler.[377] Am 30. Januar wurde die Verteidigungsstellung an der Luga bezogen.

General Sponheimer erteilte am folgenden Tag den Panther-Befehl Nr.1, die Befestigung einer neuen Verteidigungsposition am Fluss Narva. Den Rückzug auf diese Position, die sogenannte Panther-Linie konnte General Sponheimer zu diesem Zeitpunkt aber noch nicht anordnen, da dies nur der Führer befehligen konnte.[378] Noch

---

[373] Vgl. Aarma: Sinimäed, Stelle: 4 Min.
[374] Vgl. Schumann: Zusammenbruch der Defensivstrategie, Seite 65.
[375] Vgl. Schumann: Zusammenbruch der Defensivstrategie, Seite 67.
[376] Vgl. Frieser: Das Ausweichen der Heeresgruppe Nord, Seite 289.
[377] Vgl. Frieser: Das Ausweichen der Heeresgruppe Nord, Seite 291.
[378] Vgl. Laar, Mart: Sinimäed 1944. II maailmasõja lahingud Kirde-Eestis. Tallinn 2008, Seite 70. Im Folgenden zitiert als: Laar: Sinimäed 1944.

bevor die Verteidigungslinien eingenommen werden konnten, gelang es den sowjetischen Truppen, die Luga am 1. Februar zu überschreiten, zwei Tage später standen die Truppen auch vor der noch nicht bezogenen „Panther-Stellung".[379] Am 12. Februar fiel dann die Verteidigungsposition an der Luga. Erst fünf Tage später erging der Befehl des OKH an die „Heeresgruppe Nord, sich auf die Pantherstellung zurückzuziehen, diese aber um jeden Preis zu halten."[380] Der Rückzug betraf jedoch vor allem die noch weit im Osten stehende 16. Armee.[381] Auf ihrem Rückzug stand die Heeresgruppe unter stetigem Beschuss der nachrückenden Sowjets, die damit die Aufnahme einer erneuten Verteidigungsposition erschweren wollten. „Die personellen Verluste der Heeresgruppe Nord betrugen im Januar und Februar 1944 rund 110.000 Mann, denen nur knapp 30.000 Mann an Ersatz gegenüberstanden."[382]

Dieser deutsche Rückzug beunruhigte nun auch Finnland. Sowohl Hitler als auch den Finnen war klar: Wenn Estland fällt, bliebe ihnen kaum eine Möglichkeit, ihre Unabhängigkeit zu behaupten. Um deshalb einen sowjetischen Durchbruch an der Panther-Stellung zu vermeiden und den Kontakt mit den verbündeten Finnen zu erhalten, schickte Hitler zahlreiche weitere Einheiten an die Front. Außerdem versuchte die Wehrmacht weitere estnische Männer für die nahende Verteidigung mobil zu machen.

7.3. Die Mobilmachung estnischer Männer zur Verteidigung der Grenze

Nachdem die Esten, die sich in den Jahren zuvor freiwillig für den Dienst in deutschen Einheiten gemeldet hatten, in anderen Ländern und Frontabschnitten zumeist für unbeliebte Maßnahmen wie zum Beispiel die Verfolgung von Partisanen eingesetzt worden waren, schrumpfte die Zahl der Freiwilligen weiter. Da die deutschen Besatzer auch einer erneuten estnischen Unabhängigkeit nicht zustimmten, war die Bereitschaft, sich für die deutschen Ziele einzusetzen, immer geringer geworden. Anfang 1943 stellte man, um die neu gegründete nationale Waffen-SS Legion zu verstärken, die wehr-

---

[379] Vgl. Frieser: Das Ausweichen der Heeresgruppe Nord, Seite 292.
[380] Schumann: Zusammenbruch der Defensivstrategie, Seite 71.; Sowie vgl. Aarma: Sinimäed, Stelle: 10 Min.
[381] Vgl. Frieser: Das Ausweichen der Heeresgruppe Nord, Seite 293.
[382] Schumann: Zusammenbruch der Defensivstrategie, Seite 71.

pflichtigen jungen Männern vor drei Möglichkeiten: Kampf in Einheiten der Wehrmacht, Eintritt in die SS-Legion oder Arbeit in einem deutschen Arbeitslager. Durch diese Maßnahme konnten weitere Esten für die eigenen Zwecke rekrutiert werden.[383]

Die Mobilmachung weiterer Esten scheiterte Ende 1943 auf Grund der Enttäuschungen, die man durch die deutsche Besatzungsmacht in den letzten Jahren erlitten hatte, und wegen der immer stärkeren Antipathie gegen die Deutschen. Erfolgreicher war erst das Versprechen, die bisher an anderen Frontabschnitten kämpfenden estnischen Einheiten sofort an die heimische Grenze zu verlegen.[384] Das Näherrücken der Front in Richtung estnische Grenze und sowie die Atlantik-Charta vom 14. August 1941 zwischen England und Amerika, der zufolge die Grenzziehung vor dem Krieg ihre Gültigkeit auch danach behalten würde, waren weitere Einflussfaktoren.[385] Da sich die Sowjetunion in ihrer Erklärung bezüglich der Atlantik-Charta Vorbehalte eingeräumt hatte, die sich auf die seit Herbst 1939 an die Sowjetunion angegliederten Gebiete bezogen,[386] sahen die Esten ihre Chancen auf eine sichere nationale Unabhängigkeit nach dem Krieg nur dann, wenn die Sowjetunion bis zum Kriegsende daran gehindert würde, das Land erneut zu besetzen. Dazu mussten die geschwächten deutschen Truppen verstärkt werden.

Unter diesen Umständen war auch Jüri Uluots, der die Unterstützung der Selbstverwaltung beim zuletzt missglückten Mobilisationsversuch verurteilt hatte, bereit, sich der deutschen Mobilmachung anzuschließen. Der erhebliche Erfolg der erneuten Mobilmachung ist nicht zuletzt auf seine Radioansprache am 7. Februar zurückzuführen. Uluots betonte hierbei, dass das Fernhalten der Roten Armee aus dem eigenen Land bis zum Ende des Krieges und die anschließende Festigung des Friedens eine Frage von Leben und Tod[387] bedeutete. Statt der geplanten 15.000 traten 38.000 Männer auf deutscher Seite in den Kampf ein.[388] Jedoch befürchtete man auf deutscher Seite, dass sich eine die Wehrmacht sabotierende estnische Armee gründen könnte. Es wurden

---

[383] Vgl. Zetterberg: Eesti ajalugu, Seite 511.; Sowie vgl. Misiunas: Baltic States, Seite 55.
[384] Vgl. Aarma: Sinimäed, Stelle: 12 Min. 5 Sek.
[385] Vgl. Meissner, Boris: Die Großmächte und die baltische Frage vom Ausbruch des deutschsowjetischen Krieges bis zur Potsdamer Konferenz. In: Die Sowjetunion, die baltischen Staaten und das Völkerrecht. Hg. v. B. Meissner. Köln 1956, S. 112–132, Seite 119. Im Folgenden zitiert als: Meissner: Die Großmächte.
[386] Vgl. Meissner: Die Großmächte, Seite 120.
[387] Vgl. Aarma: Sinimäed, Stelle: 11 Min. 55 Sek.; Sowie vgl. Laar, Mart: Jüri Uluots aastal 1944. In: *Looming* 4 (1990), Seite 527-535, Seite 530. Im Folgenden zitiert als: Laar: Uluots.
[388] Vgl. Misiunas: Baltic States, Seite 58.

auch deshalb nur wenig Waffen und Ausrüstung verteilt und die neu rekrutierten Männer lange nicht an der Front eingesetzt.[389]

7.4. Kampfhandlungen um die Grenzstadt Narva

Stalin befahl zur gleichen Zeit den Fall der Grenzstadt Narva noch im Februar 1944 ohne Rücksicht auf Verluste. Vorerst gelang es der Roten Armee auch, im Norden und im Süden Narvas einzufallen und die deutschen Truppen dort einzukesseln.[390] Zahlenmäßig waren die Sowjets in dieser Schlacht klar überlegen. Sie besaßen zehnmal soviel Flugzeuge, verfügten über eine achtmal größere Artillerie und dreimal mehr Panzer als die Deutschen.[391]

Die Grenzstadt Narvas, auf einer Landenge zwischen dem Finnischen Meerbusen und dem Peipussee gelegen, und damit das „Tor zum Baltikum" besaß somit für die Sowjets strategische Bedeutung.

Bereits am 3. Februar war es der Roten Armee möglich gewesen, südlich von Narva den gleichnamigen Fluss zu überschreiten. Die Verteidigung dieses Frontabschnitts war anfänglich Aufgabe des III. SS-Panzerkorps, welches zu jenem Zeitpunkt aber kaum noch Panzer besaß und hauptsächlich aus baltischen Freiwilligen der SS-Verbände, zersplitterten Heeresverbänden und Luftwaffen- sowie Marinesoldaten bestand. Nachdem weitere Verstärkung herangeführt worden war, wurden diese Truppen aus der 18. Armee herausgelöst und zur „Abteilung Narwa" zusammengefasst.[392] Die Angriffe konnten abgewehrt, eine sowjetische Landoperation im Rücken der deutschen Truppen bei Mereküla zum Zusammenbruch gebracht und eine stabile Verteidigungsstellung eingenommen werden.[393]

Im März erfolgten dann sowjetische Bombenangriffe auf verschiedene estnische Städte. Einige estnische Darstellungen sehen diese Bombenangriffe als Rache für die estnische Kriegsbeteiligung auf deutscher Seite.[394] So wurde im Zuge einer solchen Offensive Narva am 6. März völlig zerstört, Tapa hatte am folgenden Tag schwere Angriffe zu

---

[389] Vgl. Laar: Uluots, Seite 530.
[390] Vgl. Aarma: Sinimäed, Stelle: 15 Min. 35 Sek.
[391] Vgl. Aarma: Sinimäed, Stelle: 15 Min. 50 Sek.
[392] Vgl. Frieser: Das Ausweichen der Heeresgruppe Nord, Seite 292.
[393] Vgl. Frieser: Das Ausweichen der Heeresgruppe Nord, Seite 292.
[394] Sowohl Laur als auch Laar und Aarma stellen diese Vermutungen in den Raum. Vgl. Laur: Eesti ajalugu, Seite 106.; Vgl. Laar: Sinimäed 1944, Seite 141.; Vgl. Aarma: Sinimäed, Stelle 20 Min. 13 Sek.

erleiden und in der Nacht des 9. März bombardierte die Rote Armee dann noch mit über 250 Flugzeugen die Hauptstadt Tallinn. Bei dem Bombenangriff starben über 600 Zivilisten, 25.000 Einwohner wurden obdachlos.[395]

Dennoch schien es aber im Frühjahr 1944 trotz der enormen zahlenmäßigen Unterlegenheit möglich zu sein, die Rote Armee an der estnischen Grenze zurückzuhalten. Trotz zeitweise sehr erbitterter Kampfhandlungen und Angriffe änderte sich in den folgenden Monaten bis Juni der Verlauf am Nordflügel der deutsch-sowjetischen Front nicht wesentlich.[396] Schumann behauptet, dass das sowjetische Oberkommando durch diese stetigen örtlichen Angriffe an der Panther-Linie nur verhindern wollte, dass die Heeresgruppe weitere Verbände an den Südflügel schickt. Nach Schumann haben sich die entscheidenden Kämpfe, in welche die Sowjets ihre Hoffnungen auf Erfolg gesetzt hatten, im Süden abgespielt.[397]

Im Sommer 1944 verschlechterte sich die Lage für die deutsche Wehrmacht weiter. Der Roten Armee gelangen an anderen Frontabschnitten tatsächlich Vorstöße. Sowohl im Süden als auch im Norden Europas schaffte sie einen Durchbruch in Richtung Westen. Mitte Juni konnten die Sowjets in Karelien eindringen und Einheiten von dort nach Narva schicken, um das Regiment zu verstärken. Zeitgleich mussten Einheiten der Heeresgruppe Nord bei Narva abgezogen werden, um andere Frontabschnitte zu verteidigen.[398] Die Landung der Alliierten in der Normandie am 6. Juni verschlechterte zusätzlich die Gesamtkriegslage Deutschlands.

Die Sowjets wollten nun mit aller Macht die Verteidigungslinie bei Narva durchbrechen, um Estland zu besetzen und Finnland dadurch zur Kapitulation zu zwingen.[399] Bedingt durch die hohen Verluste und die Abgabe von Einheiten an andere Frontabschnitte war die Wehrmacht gezwungen zurückzuweichen, um die Frontlinie zu verkürzen. Somit erhielten die Armeegruppe „Narva" und das III. germanische SS-Panzerkorps am 24. Juli den Befehl, die Stellung an der Narvalinie aufzugeben und auf die circa 30 km entfernte Tannenberglinie[400] zurückzuweichen. Bereits am gleichen Abend um 23:30 Uhr zogen sich die ersten Regimenter zurück.[401]

---

[395] Vgl. Laur: Eesti ajalugu, Seite 106.
[396] Vgl. Schumann: Zusammenbruch der Defensivstrategie, Seite 73.
[397] Vgl. Schumann: Zusammenbruch der Defensivstrategie, Seite 73.
[398] Vgl. Laur: Eesti ajalugu, Seite 106.; Sowie vgl. Aarma: Sinimäed, Stelle: 25 Min. 05 Sek.
[399] Vgl. Aarma: Sinimäed, Stelle: 25 Min.
[400] Die Bezeichnung „Tannenberglinie" sollte an den deutschen Triumph gegen die russische Armee im ersten Weltkrieg erinnern. Vgl. Laur: Sinimäed 1944, Seite 247.
[401] Vgl. Laur: Sinimäed 1944, Seite 217.

Während der Rückzug diskret und fast unbemerkt erfolgte, griff die Rote Armee die zurückbleibenden Regimenter noch am gleichen Tag brutal an. Die geschwächten deutschen Truppen versuchten sich zum Teil mit Gewehren und Handgranaten den sowjetischen Panzern zu widersetzen. Da das Sprengen der Brücke über die Narva vorerst misslang, schickten die Sowjets bereits die ersten Einheiten über den Fluss, um die zurückweichenden deutschen Einheiten unter Beschuss zu nehmen.[402] Als SS-Hauptsturmführer Günther Wanhoefer bemerkte, dass die Brücke über die Narva noch unbeschädigt war, sprengte er diese mit Hilfe einiger seiner verbliebenen Soldaten.[403] Unterdessen sendete die Rote Armee mehr und mehr Truppen über den Fluss, ungeachtet der Tatsache, dass diese in der Mitte des Flusses ungeschützt den deutschen Einheiten zum Opfer fielen.

Die Soldaten, welche es über den Fluss geschafft hatten, sollten Stalins klar definiertem Befehl für die neue Offensive an der estnischen Front folgen: „Nicht einen einzigen Schritt zurück! Offensive zu jedem Preis!"[404] Dabei spielten für ihn Verluste eine genauso geringe Rolle wie die Tatsache, dass zahlreiche Soldaten im eigenen Feuer den Tod fanden.

Am folgenden Tag erfolgte der gesamte Rückzug unter dem Schutz deutscher Flugzeuge und die Wehrmacht nahm trotz ihres stark geschwächten Zustandes die Verteidigungsposition in den Blaubergen auf.

7.5. Die Blauberge

Bei den Blaubergen handelt es sich um drei markante Erhebungen zwischen Tallinn und Narva. Mit 85 Metern ist der mittlere Grenadierberg (Grenaderimägi) der höchste der drei Hügel. Westlich des Grenadierberg befindet sich der Turmberg (Tornimägi) mit 70 und östlich davon der Kinderheimsberg (Lastekodumägi) mit 83 Metern. In der estnischen Mythologie und Geschichte spielen die Blauberge immer wieder eine wichtige Rolle, sie sind daher auch unter anderen Namen und durch weitere geschichtliche Begebenheiten bekannt.[405]

---

[402] Vgl. Laar: Sinimäed 1944, Seite 218.
[403] Vgl. Laar: Sinimäed 1944, Seite 218-219.
[404] Vgl. Interview mit Vladimir Metelitsa. In: Aarma: Sinimäed, Stelle: 34 Min. 05 Sek.
[405] Vgl. Laar: Sinimäed 1944, Seite 7.

Die Hügelkette ist ungefähr drei Kilometer lang. Sie befinden sich auf einem ca. fünf Kilometer breiten Streifen, welchen nördlich der Finnische Meerbusen und südlich das Sumpfland von Alutagu umgibt. Auf Grund dieser Vegetation und dem Ablauf der dortigen Kampfhandlungen, die an den Abwehrkampf der Spartaner unter Leonidas gegen die persischen Truppen unter Xerxes erinnern, werden die Anhöhen bis heute auch als „estnische Thermophylen" bezeichnet.

Am 26. August 1944 eroberte die Rote Armee Narva endgültig und stieß einige Kilometer weiter Richtung Westen vor. Der Vorstoß wurde an der zuvor errichteten Tannenberglinie bei den Blaubergen gestoppt.[406] Diese drei Hügel bedeuteten von nun an für die Rote Armee das „Tor nach Estland" und stellten in den folgenden Wochen einen der Krisenherde des Zweiten Weltkriegs dar.

Auf deutscher Seite kämpften in den Gräben nicht nur Deutsche und Esten, sondern auch Flamen, Wallonen, Norweger, Holländer und Schweden gegen die voranschreitenden Roten Armee. Der leitende General war General Steiner. Die Rote Armee stand unter dem Befehl von Marschall Govorov.[407] Sie blieb zahlenmäßig weiterhin um ein Vielfaches überlegen und konnte die schweren Verluste immer wieder durch neue Soldaten ersetzen. Außerdem verfügte sie über weitaus mehr Kriegsmaterial. So schreibt Mart Laar beispielsweise, dass den verbliebenen sieben deutschen Panzern etwa 150 gepanzerte sowjetische Fahrzeuge gegenüberstanden.[408]

Bereits am Abend des 25. August griffen die den zurückweichenden Deutschen gefolgten sowjetischen Einheiten den östlichsten der drei Hügel an. Der Kinderheimsberg sollte in den folgenden drei Tagen den Mittelpunkt der Kampfhandlungen in den Blaubergen darstellen.

Sowohl General Govorov als auch General Steiner sahen heftiges Artilleriefeuer als einzige Möglichkeit, den Gegner zu bezwingen. Der Wechsel von Eroberung und Rückeroberung der Anhöhe kennzeichnete die ununterbrochenen Kampfhandlungen. Erst als am Abend des 28. Juli die deutschen Einheiten von einer herannahenden sowjetischen Panzereskorte überrascht wurden, fiel die Entscheidung zu Gunsten der Roten Armee, welche nun eine erhöhte Stellung im Gebiet einnehmen konnte.[409] Die Verluste dieser ersten Kämpfe in den Blaubergen waren auf beiden Seiten bereits beträchtlich. Einige deutsche Bataillone wurden vollständig vernichtet und fast alle an

---

[406] Vgl. Laur: Eesti ajalugu, Seite 106.
[407] Vgl. Aarma: Sinimäed, Stelle: 35 Min. 20 Sek.
[408] Vgl. Laar: Sinimäed 1944, Seite 261 und 277.
[409] Mart Laar beschreibt die Kampfhandlungen um den Kinderheimsberg, eingeteilt in die verschiedenen Kampftage sehr ausführlich. Vgl. Laar: Sinimäed 1944, Seite 258-276.

den Kämpfen beteiligten Offiziere waren verletzt, schreibt Mart Laar in seiner Darstellung.[410]

Noch am 28. Juli befahl General Steiner die Errichtung einer Verteidigungslinie am Grenadierberg. Auf der deutschen Seite versuchten zu dem Zeitpunkt nur noch ein paar stark geschwächte Regimenter, die Sowjets vom Vormarsch nach Tallinn zurückzuhalten.[411] Für die sowjetische Armee spielten dagegen hohe Verluste kaum eine Rolle. Pausenlos schickten sie Nachschubtrupps über die wiedererrichtete Brücke bei Narva, ohne Rücksicht[412] auf die eigenen Soldaten. Dennoch konnte sich die Armee nicht gegen die sich immer wieder aufbäumende deutsche Wehrmacht durchsetzen.

Am 29. Juli fanden dann die ersten Kämpfe um den Grenadierberg statt, heftiger und blutiger als die Auseinandersetzungen zuvor.[413] Die Generäle Govorov und Starikov wollten nun endgültig die Front durchbrechen und entsandten ihre letzten Reserven in den Kampf. Um die Mittagszeit griff die Roten Armee mit 20.000 Mann und 100 Panzern an und schaffte es, den Grenadierberg zu umzingeln und die übrigen Panzer weiter in Richtung Turmberg zu schicken. Die neue Frontlinie befand sich nun zwischen beiden Hügeln.[414]

Gegen Abend schien die Rote Armee dann auch den letzten der drei Hügel erobert und damit die gesamte Tannenberglinie unter Kontrolle gebracht zu haben. Doch konnten die Sowjets auf Grund ihrer hohen Verluste, die eroberten Gebiete nicht genügend absichern.[415] Zum anderen hielt die deutsche Wehrmacht noch eine gut erhaltene Panzereinheit hinter dem dritten Hügel verborgen, welche die bereits feiernden Sowjets überraschend angriff und das Blatt nochmals wenden konnte.[416] Für die weiteren Gegenangriffe wurden zum Teil auch leicht verwundete deutsche Soldaten in den Kampf geschickt und die Sowjets mit den Waffen ihrer eigenen Gefallenen angegriffen. Der Roten Armee blieb an diesem Tag keine andere Möglichkeit, als den Grenadierberg wieder aufzugeben und auf den Kinderheimsberg zurückzuweichen.

---

[410] Vgl. Laar: Sinimäed 1944, Seite 258.
[411] Mart Laar zitiert den General der Infanterie Anton Grasser, welcher den Zustand der deutschen Armee als sehr kritisch beschreibt und auf baldige Verstärkung hofft, da er sonst einen Durchbruch der Roten Armee an der Front für unvermeidbar hält. Vgl. Laar: Sinimäed 1944, Seite 276.
[412] Kurt Ewert beschreibt im Interview, dass ungeachtet der Verluste die Rote Armee bis zu 20 Mal mit der gleichen Taktik an ein und derselben Stelle stets erfolglos angegriffen habe. Vladimir Metelitsa berichtet, dass bei den Angriffen getöteten Soldaten stets durch neue ersetzt wurden. Auf Verluste wurde auf sowjetischer Seite keine Rücksicht genommen. Vgl. Interviews mit K. Ewert und V. Metelitsa, in: Aarma: Sinimäed, Stelle: 37 Min. 50 Sek.
[413] Vgl. Laar: Sinimäed 1944, Seite 278. Auch Kaljo West erzählt im Interview, dass dieser Tag der härteste Kampftag war. Vgl. Aarma: Sinimäed, Stelle 40 Min. 35 Sek.
[414] Vgl. Laar: Sinimäed 1944, Seite 282.
[415] Vgl. Laar: Sinimäed 1944, Seite 287.
[416] Vgl. Laar: Sinimäed 1944, Seite 288.

Aus Moskau kam erneut der strikte Befehl an General Govorov, dass die Tannenberglinie „koste es was es wolle"[417] fallen müsse. Spätestens am 7. August wollte Stalin seine Armee an der Linie bei Rakvere sehen. Und so fanden an den folgenden Tagen[418] ähnliche Kämpfe um die Stellungen an der Tannenberglinie statt. Allerdings hatten sie nicht mehr die Härte wie an jenem 29. Juli.

Anfang August hatten die blutigen Kämpfe innerhalb von zwei Wochen 150.000[419] Tote auf sowjetischer Seite gefordert. Nachdem die Armee die Tannenberglinie aber nicht überschreiten konnte, erkannte die Führung der Roten Armee, dass sie so nicht nach Tallinn kommen würde.[420] Im Gegensatz dazu hatte die Rote Armee im Südabschnitt bis zu 1.000 km weit vordringen können. Am 25. August konnte sie schließlich in den Süden Estlands eindringen und einen Vorstoß in Richtung Norden beginnen.[421] Der neue Plan der Führung der Roten Armee sah nun eine Okkupation Estlands aus Süd-Ost vor.[422]

Am 2. September 1944 verlor der Kampf in den Blaubergen auch für die Wehrmacht an Bedeutung. Finnland erklärte den Abbruch der kriegerischen Zusammenarbeit mit Deutschland. Zwei Tage später nahm es die Friedensbedingungen der Sowjets an und tags darauf endeten die finnischen Kriegshandlungen gegen die Rote Armee. Mannerheim[423] versprach zudem die in Finnland befindlichen Deutschen bis Mitte September aus dem Land zu schicken.[424] Der für Hitler wichtigste Grund, Estland zu halten, war mit der Kapitulation Finnlands nicht mehr existent. Am 16. September befahl er den Rückzug. Für die Esten bedeutete dieser Befehl, dass die Vereinbarungen des Atlantik-Vertrags, auf den sie viele Hoffnungen gesetzt hatten, nicht mehr bestanden.

Am 19. September erfolgte dann der schnelle Rückzug aus den Blaubergen. Die sich zurückziehenden Soldaten standen dabei unter stetigem Beschuss von sowjetischer Seite. Groß war auch die Angst vor einer sowjetischen Umzingelung von Süden her. Das Oberkommando der Wehrmacht gab am 22. September 1944 bekannt, dass die

---

[417] Laar: Sinimäed 1944, Seite 304.
[418] Am 30. und 31. Juli, am 1., 2., 5. und 12. August
[419] In der Dokumentation „Sinimäed" wird von 150.000 Toten auf sowjetischer Seite berichtet. Die Russen geben, wenn sie Angaben über ihre Verluste in den Blaubergen machen, eine weitaus geringere Zahl an. Sie sprechen von ca. 50.000 und 100.00 Toten, estnische Darstellungen berichten von 100.000 bis 200.000 Toten auf sowjetischer Seite.
[420] Vgl. Aarma: Sinimäed, Stelle: 44 Min. 55 Sek.
[421] Vgl. Laur: Eesti ajalugu, Seite 107.
[422] Vgl. Aarma: Sinimäed, Stelle: 45 Min. 30 Sek.
[423] Oberbefehlshaber der finnischen Armee
[424] Vgl. Laar: Sinimäed 1944, Seite 328.

„befohlenen Absetzbewegungen aus dem Narwa-Abschnitt planmäßig verlaufen"[425] sind.

7.6. Die Regierung Tief und Uluots zwischen deutschem Rückzug und sowjetischem Einmarsch

Bereits im März 1944 hatten sich einige Untergrundbewegungen zusammengeschlossen und das Republikanische Nationalkomitee Estlands (Eesti Vabariigi Rahvuskomitee) gegründet, dessen Vorsitz anfangs Kaarel Liidak übernahm. Das Nationalkomitee verfügte über gute Kontakte zu den ehemaligen Gesandten Estlands in Finnland und Schweden. Über diese Gesandten hatte es zudem Kontakt zum Westen. Die Ziele des Komitees waren, „für Estlands Selbstständigkeit zu arbeiten, Kontakte zu Vertretern der estnischen Truppen zu unterhalten sowie die Bildung einer estnischen Regierung vorzubereiten. Das Komitee sollte auch bereit sein, zu einem geeigneten Zeitpunkt die Macht zu übernehmen."[426] Noch während der deutschen Besatzung und dem Krieg an der eigenen Grenze berief der verfassungsmäßige Ministerpräsident Uluots auf Grundlage der estnischen Verfassung von 1937, das zuvor vom Nationalkomitee für noch bestehend deklariert worden war, die Wahlversammlung zusammen. Sie sollte, wie es die Verfassung vorschreibt, einen rechtmäßigen Vertreter für den Präsidenten Päts wählen. Päts war 1940 in die Sowjetunion deportiert worden und somit an der Ausführung seines Amtes verhindert. Für diesen Fall sah die Verfassung von 1937 vor, dass der Ministerpräsident die Wahlversammlung für die Wahl eines neuen Präsidenten einberufe. Sie wählte Jüri Uluots zum Vertreter des verhinderten Präsidenten.[427] Da die meisten Esten Uluots während der gesamten Besatzungszeit sowieso als stellvertretenden Präsidenten gesehen hatten, diente die Wahl zu jenem Zeitpunkt rein als Vorsichtsmaßnahme, da man befürchten musste, dass die Regierung auf Grund von etwaigen Massenverhaftungen später nicht mehr die Möglichkeit zu einer solchen Wahl

---

[425] Wegmann, Günter (Hg): „Das Oberkommando der Wehrmacht gibt bekannt…". Der deutsche Wehrmachtsbericht. Vollständige Ausgabe der 1939-1945 durch Presse und Rundfunk veröffentlichten Texte mit einem Orts-, Personen- und Formationsregister (3). Osnabrück 1982, Seite 255. Im Folgenden zitiert als: Wegmann: OKW.
[426] Isberg: Bedingungen, Seite 130.
[427] Vgl. Laar: Uluots, Seite 530.; Sowie vgl. Isberg: Bedingungen, Seite 132.

haben könnte.[428] Im Geheimen hatte Uluots dann die restlichen Regierungsmitglieder benannt.

Nachdem die Untergrundaktivität weiter zugenommen hatte und die Sicherheitspolizei Unterlagen fand, welche die Tätigkeiten des Nationalkomitees offenlegte, kam es im April zur Verhaftung von etwa 200 Mitgliedern,[429] die die Arbeit des Komitees zunächst lähmte. Im Verborgenen erarbeitete eine kleine Gruppe des Nationalkomitees eine Deklaration, die die Aufgaben des Komitees festlegte. Seine Funktion sei demnach, „die Funktionen des estnischen Staates durchzuführen, bis die im Grundgesetz festgelegten Organe ihre Tätigkeit aufnehmen können."[430] Die Deklaration wurde nach Schweden geschickt, wo sie auf einer Pressekonferenz verlesen werden sollte. Nachdem die Konferenz verboten worden war, teilte man die Inhalte den Journalisten auf anderem Wege mit. Auch die estnische Bevölkerung erhielt ab dem 1. August gedruckte Versionen dieser Deklaration. In der Deklaration hieß es, dass

> „die estnische Republik immer noch fortbestehe. Das estnische Volk habe nie die beiden Okkupationen und die jetzige Selbstverwaltung anerkannt. Estlands Republikanisches Nationalkomitee existiere in Estland und repräsentiere sämtliche parlamentarische Parteien. So bald wie möglich sollten die gesetzlichen Organe der Republik Estland in Funktion treten."[431]

Während das Nationalkomitee in der letzten Zeit der Besatzung die Deutschen mehrmals bei Mobilmachungen unterstützt hatte, waren im Gegenzug immer wieder Forderungen des Nationalkomitees an die deutsche Führung gegangen, die darauf abzielen sollten, Estland selbständiger zu machen. Auf diese Forderungen wurde von deutscher Seite meist gar nicht geantwortet.[432] Als Uluots dann am 17. September vom geplanten Rückzug der Deutschen erfuhr, unternahm er nochmals den Versuch, die Deutschen um ein Entgegenkommen zu bitten und die Staatsgewalt den gesetzesmäßigen Organen Estlands zu übergeben. Aber auch in dieser Situation wurde diese Bitte wiederum abgelehnt. Wie bereits 1918 wollte man auch nun, zwischen dem deutschen Rückzug und dem sowjetischen Einmarsch, die Regierung ausrufen. Damit sollte die Kontinuität des Staates, welcher im Juni 1940 völkerrechtswidrig besetzt

---

[428] Vgl. Isberg: Bedingungen, Seite 132.
[429] Vgl. Misiunas: Baltic States, Seite 66.
[430] Isberg: Bedingungen, Seite 131.
[431] Isberg: Bedingungen, Seite 133.
[432] Vgl. Isberg: Bedingungen, Seite 134.

wurde, gewahrt und aus dem Exil weiter für eine vollständige Wiedererlangung der Unabhängigkeit gekämpft werden.[433]

Am 18. September setzte Uluots, im Rücken der sich zurückziehenden Deutschen dann die von Otto Tief geleitete provisorische Regierung[434] ein, welche bereits am folgenden Tag ihre Arbeit aufnahm. Neben einer Neutralitätsbekundung deklarierte man die neue gesetzesmäßige Regierung Estlands. Des Weiteren legte die Regierung Protest gegen den Einmarsch der weitaus überlegenen Großmacht ein.[435]

Die Nachricht über die Einsetzung einer estnischen Regierung wurde durch die Gesandten auch im Ausland verbreitet. Das von den deutschen Besatzern zurückgelassene Hakenkreuz wurde vom Langen Hermann (Pikk Hermann[436]) abgenommen und die estnische Flagge gehisst.[437] Vom Kampfe gegen die herannahende Rote Armee rieten der neu ernannte Oberbefehlshaber Oberst Maide und der Vorsitzende des Selbstschutzes („Omakaitse") Oberst Sirka jedoch auf Grund der schlechten Bewaffnung und der wenigen verbliebenen Einheiten ab.[438]

Dennoch kam es zwischen einigen estnischen Einheiten und den sich zurückziehenden Deutschen mancherorts zu gewalttätigen Auseinandersetzungen. An anderen Orten kam es zu letzten Versuchen, die einmarschierenden Sowjets abzuwehren. Doch diese bemühten sich, gerade auch, um die Handlungen der estnischen Regierung zu stoppen, möglichst schnell in Tallinn einzumarschieren.[439]

Am Morgen des 22. September erreichte die Regierung die Nachricht über das Eintreffen der ersten sowjetischen Truppen, woraufhin diese die Stadt verließ. Kurz darauf marschierte die Rote Armee dann in Tallinn ein. Im letzten Moment verließen hunderte Boote Estland. Alles, was schwimmen konnte, floh in Richtung West-Estland oder auf die Inseln. Viele Flüchtlingsboote wurden beschossen und kamen nie an ihrem Ziel an.[440]

---

[433] Vgl. Laar: Uluots, Seite 533.
[434] Für die genaue Zusammenstellung der Regierung vgl. Lindmäe, Herbert: Professor Jüri Uluotsa poliitiline tegevus Saksa okupatsiooni ajal ja selle riigiõiguslik tähendus. In: *Juridica* 2 (2000), S. 113-121, Seite 119. Im Folgenden zitiert als: Lindmäe: Professor Uluots.
[435] Vgl. Lindmäe: Professor Uluots, Seite 119-120.
[436] Der Lange Hermann (Pikk Hermann) ist einer der Ecktürme des Schlosses auf dem Tallinner Domberg. Auf ihm weht traditionell die Fahne des Herrschers in Estland.
[437] Vgl. Laar: Uluots, Seite 534.
[438] Vgl. Lindmäe: Professor Uluots, Seite 120.
[439] Vgl. Lindmäe: Professor Uluots, Seite 212.
[440] Vgl. Aarma: Sinimäed, Stelle: 52 Min. vgl. Laar, Mart: Jüri Uluots, Seite 534.

Das gleiche Schicksal ereilte auch die provisorische Regierung. Denn ihr Schiff, das die Regierungsmitglieder, welche noch nicht übergesiedelt waren[441], ebenfalls nach Schweden bringen sollte, kam nicht wie vereinbart am 22. September, sondern erst einen Tag später an. Die Mitglieder wurden von der Roten Armee verhaftet.[442] Jüri Uluots, der Anfang Januar 1945 seinem Krebsleiden erlag, gab seine Tätigkeit als Ministerpräsident der Exilregierung mit den Aufgaben des Präsidenten an den ranghöchsten Überlebenden der Regierung August Rei ab. Die Exilregierung mit Sitz in Oslo bestand dann bis zur erneuten Erlangung der Unabhängigkeit formal weiter, sodass man sich auf die Kontinuität der Regierung berufen kann.

Der Einmarsch der Sowjets erfolgte dieses Mal auf andere Weise als 1939. Zahlreiche Familien von anti-bolschewikischen Kollaborateuren wurden auf Befehl Himmlers vor dem Bolschewismus gerettet, d.h. nach Deutschland evakuiert.[443] Die Soldaten wurden im Winter 1944/45 erneut zur 20. Estnischen Division formiert und bei Oppeln (heute Opole) eingesetzt. Nach der deutschen Kapitulation gelangten die Soldaten zumeist in tschechische Kriegsgefangenschaft.[444] Zusätzlich flohen noch etwa 70.000 Flüchtlinge in den Westen. Einen großen Teil der Flüchtlinge bildete die Elite des Landes sowie fast alle Küstenschweden (Rannarootslased)[445]. Am Ende des Krieges verfügte Estland nur noch über ein Viertel seiner Ärzte und Lehrkräfte an der Universität Tartu. Durch die Flucht der Küstenschweden endete, wie zuvor mit der Umsiedlung der Baltendeutschen, die Geschichte einer weiteren nationalen Minderheit in Estland.[446]

Beim Einmarsch der Roten Armee kam es erneut zu Übergriffen auf die Bevölkerung, zu Massenverhaftungen und zu einem enormen Anstieg der Kriminalität. Die Wiedereinführung der Landreform sowie eine sofortige Mobilmachung junger Männer waren die ersten Schritte der erneuten Besatzungsmacht. Um dieser Mobilmachung zu entkommen, flohen viele Männer wiederum in die Wälder, wo sich auf Grund der vielen zurückgelassenen Waffen und Munition ein bewaffneter Widerstand bilden konnte, der bis in die 50er Jahre hinein anhielt.[447] Mit der Sowjetisierung des Landes,

---

[441] Einige Regierungsmitglieder waren bereits während der gesamten Besatzungszeit in Schweden. Der schon schwer kranke Uluots war am Tag zuvor (20. September) nach Schweden geflohen.
[442] Vgl. Isberg: Bedingungen, Seite 140.
[443] Vgl. Isberg: Bedingungen, Seite 139-140.
[444] Vgl. Laur: Eesti ajalugu, Seite 108.
[445] Bei den Küstenschweden handelt es sich um Schweden, die seit dem 13. Jahrhundert an der estnischen Westküste (auf den Inseln Saaremaa und Hiiumaa) angesiedelt waren.
[446] Vgl. Mertelsmann: Hitler-Stalin-Pakt, Seite 39.
[447] Vgl. Mertelsmann: Hitler-Stalin-Pakt, Seite 39-40.

das erst am 20. August 1991 erneut seine staatliche Unabhängigkeit *de jure* und *de facto* zurückbekam, wurde in der Folgezeit begonnen.

Die demographischen Verluste, die das Land in der Zeit des Zweiten Weltkriegs durch Deportationen, Verfolgungen, Mobilmachungen oder Massenflucht erlitt, lagen im internationalen Vergleich prozentual zur Bevölkerung mit etwa 20% gemeinsam mit seinen Nachbarstaaten Lettland, Litauen und Polen an der Spitze.[448]

Die Rechtmäßigkeit der Annektion wurde, wie auch die Anerkennung der Annektion von 1940, trotz starkem Druck der Sowjetunion von den Vereinigten Staaten und England abgelehnt. In einer Erklärung zum 45. Jahrestag der Unabhängigkeitserklärung hatte der amerikanische Außenminister folgende Stellungnahme abgegeben:

> „Auf dem Prinzip bestehend, daß das Recht eines Volkes auf nationale Selbstbestimmung nicht unterdrückt werden darf, weigern sich die Vereinigten Staaten nach wie vor, die gewaltsame Einverleibung Estlands in die Sowjetunion anzunehmen."[449]

Auch andere Staaten haben der Annektion Estlands zwar *de facto*, aber nicht *de jure* zugestimmt. Von diesem Standpunkt aus betrachtet, hat Estland seine Völkerrechtssubjektivität nicht eingebüßt.[450]

---

[448] Vgl. Misiunas: Baltic States, Seite 72. Misiunas bezieht sich mit der Aussage, dass es sich um 20% der Gesamtbevölkerung handelte, auf das gesamte Baltikum. Jedoch findet man bei Laur die Verlustangabevon 200.000 Esten, was bei einer Bevölkerung von etwa einer Millionen diese 20% ausmacht. Vgl. daher auch: Laur: Eesti ajalugu, Seite 108.

[449] Meissner, Boris: Die baltische Frage in der Weltpolitik (1976). In: Die baltischen Staaten im weltpolitischen und völkerrechtlichen Wandel. Beiträge, 1954-1994 (= Bibliotheca Baltica). Hg. v. B. Meissner. Hamburg 1995, S. 97–118, Seite 114. Im Folgenden zitiert als: Meissner: Die baltische Frage.

[450] Vgl. Meissner: Die baltische Frage, Seite 114-115.

8. Abschlussbetrachtung

Im Rahmen der vorliegenden Studie standen zwei Fragen im Mittelpunkt: Zum einen sollte die Rolle Estlands in der internationalen Politik der Zwischenkriegszeit bis zum Ende des Zweiten Weltkriegs untersucht werden. Zum anderen sollten die Fehler und Fehleinschätzungen der politischen Führung Estlands dargestellt werden, die zum Verlust der Unabhängigkeit geführt haben. Die Versuche, diese Unabhängigkeit in der Folgezeit wiederzuerlangen, wurden dabei zum genaueren Verständnis der Untersuchung ebenso betrachtet. Wie sich im Laufe der Studie herausstellte, sind diese beiden Fragestellungen sehr eng miteinander verknüpft. Die Fehler der politischen Führung führten nicht nur zum Verlust der staatlichen Unabhängigkeit, sondern beeinflussten auch die internationale Rolle Estlands.

1920 wurde Estlands Unabhängigkeit nach erfolgreichen Kämpfen gegen die geschwächte Sowjetunion und die deutsche Landwehr erstmals anerkannt. Das Land stand nun eigenständig auf der internationalen Bühne und fand ein knappes Jahr später Aufnahme in den Völkerbund. Wiederum zwei Jahre später sicherte sich das Land nochmals durch ein regionales Bündnis mit Lettland ab. Später folgten die Baltische Entente und Beistandspakte mit Deutschland und der Sowjetunion. Schritte, die auf den ersten Blick auch auf eine territoriale Absicherung und eine aktive Rolle im europäischen Sicherheitssystem hinweisen. Jedoch wird bei genauerer Untersuchung klar, dass die regionalen Bündnisse vor allem auf Misstrauen, Missgunst und einer sehr geringen Zusammenarbeit fußten. Eine nachhaltige Zusammenarbeit fand in der Zwischenkriegszeit nicht statt – ein Fehler, den die Führungen der baltischen Staaten wegen kleinerer Uneinigkeiten in der Zwischenkriegszeit begangen hatten. Das Baltikum als effektiv handelnder Block mit gemeinsamer Richtung und Politik hätte international mehr Wirkungskraft als einzelne Kleinstaaten gehabt. Insofern muss Sallust Recht gegeben werden *"Concordia res parvae, discordia magnae concidunt"*. Durch Rivalität und uneinheitliches Handeln schwächten sich die Staaten nicht nur selbst, sondern erleichterten später der Sowjetunion das Vorgehen gegen die baltischen Staaten um ein Vielfaches. Die autoritäre Innenpolitik Estlands seit 1934 führte zudem bei einigen demokratischen Staaten wie Finnland zur Distanzierung. Die regionale Bündnispolitik schlug somit fehl. Sie hätte die wohl wichtigste Absicherung der Zwischenkriegszeit dargestellt.

Denn auch das internationale Instrument Völkerbund erwies sich als wenig effektiv. Durch den freiwilligen Austritt Estlands 1938 verwehrte sich das Land jede mögliche Hilfe und verließ sich ganz auf die deklarierte Neutralität. Betrachtet man die Umstände, unter welchen diese Entscheidung zur Neutralität getroffen wurde, wird klar, dass die estnische Führung dadurch einer Entscheidung zwischen Deutschland und der Sowjetunion entgehen wollte. Ebenso oberflächlich wie die regionalen Abkommen beachtet wurden, so wenig hielt sich die estnische Führung auch an die eigenen Vorgaben dieser Neutralität und brach die Bestimmungen durch ihre offensichtliche Annäherung an Deutschland.

Festzuhalten bleibt, dass die Aufgaben, sich in der Zwischenkriegszeit durch Abkommen und eine regionale Zusammenarbeit zu festigen, kaum erfüllt wurden. Die internationale Rolle Estlands und die der anderen baltischen Staaten schwand im Laufe der Zeit immer mehr.

Die Absicherung durch eine Großmacht schlug ebenfalls fehl. Während England und Frankreich 1920 an der Entstehung der Kleinstaaten beteiligt gewesen waren, um durch deren Existenz zu einer Schwächung der Sowjetunion beizutragen, erlosch das Interesse, diese Staaten zu schützen, in der Zwischenkriegszeit immer mehr. Frankreich hatte zwar zaghafte Versuche unternommen, einen baltischen Block zu bilden, doch wäre die Rolle Estlands hier auch nur ein Teil des *„cordon sanitaire"* gegen den Bolschewismus gewesen. England sah Estland und seine Nachbarstaaten nur als wirtschaftliche Brücke zwischen dem Westen und der Sowjetunion. Seine eigenstaatliche Existenz hielt man zudem nur für temporär. Nicht zuletzt sorgte 1939 der eigene Krieg mit Hitler-Deutschland für das vollkommene Desinteresse Englands und Frankreichs am Schicksal Estlands und seiner Nachbarstaaten. Deutschland war, entgegen der estnischen Hoffnungen, ebenso wenig an der Sicherheit des Landes, sondern hauptsächlich an den Rohstoffvorkommen interessiert. Durch ein Handelsabkommen sicherte sich Deutschland 1937 die estnischen Rohstoffe, bot dem Land umgekehrt aber weder Sicherheit noch besondere Kriegsversorgung. Die Interessen und Annäherungsversuche der Sowjetunion, die in der Zwischenkriegszeit öfter die Sicherheit des Staates garantieren wollte, waren vehement abgelehnt worden. Man verzichtete sogar auf die Garantie des Völkerbundes, um einem sowjetischen Einmarsch vorzubeugen. Ob die Sowjetunion bereits in der frühen Zwischenkriegszeit eine Annektion des Staates plante oder tatsächlich in Zusammenarbeit mit Frankreich den osteuropäischen Raum sichern wollte, bleibt Spekulation.

Im August 1939 unterschrieben Deutschland und die Sowjetunion den Hitler-Stalin-Pakt. Dieser sorgte international für Aufsehen, doch die estnische Führung blieb trotz direkter Warnungen aus England und Frankreich lange ruhig und mobilisierte nicht. Dass Frankreich und England noch vor dem Abschluss des Hitler-Stalin-Pakts dazu bereit gewesen wären, Stalin in Estland und seinen Nachbarländern nahezu freies Handeln zu gewähren, zeigt die Wandlung Estlands in den Augen der Westmächte von einer „Barriere" zwischen Ost und West zu einer Art „Opfer" im Sinne des europäischen Friedens. Durch ähnliche englische und französische Zugeständnisse an Hitler war die Tschechoslowakei im Zuge des Münchner Abkommens im September 1938 in den Machtbereich Hitlers gelangt. Eine Wiederholung dieses Vorgehens seitens Stalins wurde von Frankreich und England gebilligt. Um die eigenen Ziele in Polen zu erreichen, stimmte Hitler durch den Pakt mit Stalin ebenfalls einem solchen Vorgehen zu.

Schwerwiegende Fehlentscheidungen traf die estnische Führung kurz nach dem Hitler-Stalin-Pakt. Ohne mit den offiziellen Verbündeten Lettland und Litauen ein gemeinsames Vorgehen in Bezug auf die Sowjetunion abzustimmen, ließ sich die estnische Führung auf Gespräche und schließlich einen Beistandspakt mit der Sowjetunion ein. An diesem Punkt machte es die uneinheitliche Linie der baltischen Staaten der Sowjetunion leicht, ihre Ziele umzusetzen. Ein gemeinsames Vorgehen hätte der Sowjetunion nicht die Möglichkeit gegeben, Schritt für Schritt einen Staat nach dem anderen an sich zu binden. Eine gemeinsame militärische Verteidigung hätte erfolgreich sein können. Das Beispiel Finnlands, dessen Voraussetzungen schlechter waren als die eines vereinigten Baltikums, bestätigt diese Vermutung.

Estland versuchte jedoch, die Sowjetunion durch eine Klausel im Beistandspakt dazu zu verpflichten, erneut die Unantastbarkeit des Landes anzuerkennen. Die estnische Führung hatte hier zwar versucht, geschickt zu verhandeln, die Hoffnung aber, die Sowjetunion würde sich jedoch an solche Klauseln halten, muss im Nachhinein als zu optimistisch bewertet werden. Die politische Führung war bereits nach Abschluss des Beistandspaktes handlungsunfähig und musste auf immer mehr Forderungen der Sowjetunion eingehen. Die internationale Position Estlands schwand weiter. Das Schicksal des Landes wurde kaum noch wahrgenommen und externe Hilfe war nicht mehr zu erwarten. Estlands Rolle war nunmehr, wie auch der Finnische Winterkrieg zeigt, die eines vorgeschobenen Verteidigungs- und Operationsgebietes der Sowjetunion und blieb weiterhin die des Rohstofflieferanten für Deutschland.

Durch die Errichtung ihrer Stützpunkte in den baltischen Ländern gewann die Sowjetführung noch mehr Kontrolle über die Staaten, eine Mobilmachung oder auch regionale Absprachen waren nun faktisch unmöglich. Der Gegner war im Land und konnte die angrenzenden Länder in der Folgezeit nacheinander ohne großes internationales Aufsehen besetzen, sowjetisieren und die politische Führung weitestgehend deportieren. Estland war somit beim deutschen Einmarsch 1941 führungslos.

Nicht nur die internationale Rolle, sondern auch die staatliche Unabhängigkeit wurde so durch das Handeln der politischen Führung verspielt. Die Annektion und auch die späteren Besatzungen waren jedoch in vielen Punkten völkerrechtswidrig, sodass die Kontinuität des Staates heute als ununterbrochen gilt.

Unter deutscher Besatzung blieb die Rolle Estlands gering. Allein die kriegsstrategischen und wirtschaftlichen Gründe, nämlich die geografische Lage und vor allem die personellen Ressourcen Estlands, interessierten die deutschen Besatzer für den eigenen Krieg. Die Hoffnungen auf eine erneute Eigenstaatlichkeit nach dem Abzug der Sowjets zerschlugen sich. Deutschland war an einem eigenständigen Estland nicht interessiert und hatte sofort eine pro-deutsche Selbstverwaltung eingesetzt. Die politische Führung, die den sowjetischen Deportationen entkommen war, wurde dabei nicht beachtet. Während der deutschen Besatzung versuchte man durch Kollaboration in allen Bereichen, einen Weg in die staatliche Unabhängigkeit zu erreichen. Diese estnische Bereitwilligkeit wurde von deutscher Seite ausgenutzt.

Die Ausbeutung der Ressourcen des Landes ging auch während des Krieges an der estnischen Grenze weiter. Estlands Rolle war wiederum die Sicherung der kriegsstrategischen Ziele, es diente als Soldaten-, Arbeiter- und Rohstofflieferant für den deutschen Krieg. Wie wenig Estland in den Augen der Deutschen wert war, belegt die Weigerung noch während ihres Abzugs 1944, die Macht in die Hände der neu formierten estnischen Führung zu legen. Diese konnte jedoch 1944 dennoch kurz die staatliche Unabhängigkeit deklarieren. Jedoch erfolgte bald darauf eine erneute Besetzung durch die Sowjetunion, die erst 1991 im Zuge des Zusammenbruchs der UdSSR beendet wurde. Bis dahin existierte in Oslo eine Exilregierung, die die Kontinuität des Staates von 1920 bis heute sicherte.

Eine Betrachtung des Schicksals anderer Staaten wie der Tschechoslowakei oder Polen zeigt, dass die Situation von Kleinstaaten in der Zwischenkriegszeit und im Zweiten Weltkrieg extrem schwierig war. Eine Sicherung der Unabhängigkeit Estlands wäre auch bei anderem Handeln nicht unbedingt garantiert gewesen, denn das Land befand sich wie auch Polen zwischen den Fronten und zudem zu weit außerhalb des Interessensgebietes der westlichen Alliierten.

9. Literaturverzeichnis

Primärliteratur:

Arjakas, Küllo (Hg): Molotovi-Ribbentropi paktist baaside lepinguni. Dokumente ja materiale. Tallinn 1989.

Department of State (Hg): Documents on German Foreign Policy Ser. D Vol. V. Poland, The Balkans, Latin America, The Smaller Powers 1937-1939. Washington, 1953.

Maasing, Richard: Eesti ja N. Liidu sõjaväeliste delegatsioonide läbirääkimisi 1939. a. oktoobris. In: Eesti Riik ja rahvas teises maailmasõjas. Bd. 2. Hg. v. R. Maasing. Stockholm 1955, S. 44–55.

Meri, Lennart: Side Euroopaga turvab meie kultuuri. Kõne Eesti Rahvusmuuseumi püsinäituse avamisel 15. Mail 1994. In: Meri, Lennart. Presidendikõned. Hg. v. E. Hiedel. Tartu 1996, S. 390-392.

Oras, Ants: Baltic eclipse. Oxford 1948.

Rei, August: The Baltic question at the negotiations in 1939. In: *East and West* 4 (1955), S. 20–29.

Rei, August: Traagiliste sündmuste tunnistajana. In: Eesti Riik ja rahvas teises maailmasõjas. Bd. 3. Hg. v. R. Maasing. Stockholm 1956, S. 17–25.

Reichsministerium des Inneren (Hg.): Reichsgesetzblatt 1919B. Zweites Halbjahr 1919. Berlin 1919.

Selter, Kaarel: Eesti välisministrina Moskvas. In: Eesti Riik ja rahvas teises maailmasõjas. Bd. 2. Hg. v. R. Maasing. Stockholm 1955, S. 39–43.

Soom, Arnold: Seadusvastased valimised. In: Eesti Riik ja rahvas teises maailmasõjas. Bd. 3. Hg. v. R. Maasing. Stockholm 1956, S. 38–43.

Uluots, Jüri: Memorandum Eesti seisundi kohta. In: Seaduse sünd. Eesti õiguse lugu. Hg. v. H. Runnel. Tartu 2004, S. 386–388.

Varma, Aleksander: Läbirääkimised Moskvas ja Tallinnas. In: Eesti Riik ja rahvas teises maailmasõjas. Bd. 2. Hg. v. R. Maasing. Stockholm 1955, S. 56–76.

Wegmann, Günter (Hg):	„Das Oberkommando der Wehrmacht gibt bekannt…". Der deutsche Wehrmachtsbericht. Vollständige Ausgabe der 1939-1945 durch Presse und Rundfunk veröffentlichten Texte mit einem Orts-, Personen- und Formationsregister (3). Osnabrück 1982.
Wrangell, Wilhelm:	Die Vorgeschichte der Umsiedlung der Deutschen aus Estland. In: *Baltische Hefte* 4 (1958), S. 134–165.

Sekundärliteratur:

Monografien:

Arumäe, Heino:	At the crossroads. The Foreign Policy of the Republic of Estonia (= Perioodika). Tallinn 1983.
Birn, Ruth Bettina:	Die Sicherheitspolizei in Estland 1941-1944. Eine Studie zur Kollaboration im Osten (= Sammlung Schöningh zur Geschichte und Gegenwart). Paderborn 2006.
Bullock, Alan:	Hitler und Stalin. Parallele Leben. Berlin 1991.
Crowe, David:	The foreign relations of Estonia, Latvia, and Lithuania, 1938-1939. Michigan 1975.
Crowe, David:	The Baltic States and the Great Powers. Foreign Relations, 1938 - 1940. Boulder 1993.
Feest, David:	Zwangskollektivierung im Baltikum. Die Sowjetisierung des estnischen Dorfes 1944 - 1953(= Beiträge zur Geschichte Osteuropas, Bd. 40). Köln 2007.
Garleff, Michael:	Die baltischen Länder. Estland, Lettland, Litauen vom Mittelalter bis zur Gegenwart (= Ost- und Südosteuropa Geschichte der Länder und Völker). Regensburg 2001.
Gilly, Seraina:	Der Nationalstaat im Wandel. Estland im 20. Jahrhundert. Bern 2002.
Gräfe, Karl Heinz:	Vom Donnerkreuz zum Hakenkreuz. Die baltischen Staaten zwischen Diktatur und Okkupation. Berlin 2010.
Ilmjärv, Magnus:	Nõukogude Liidu ja Saksamaa vahel. Balti riigid ja Soome 1934 – 1940 (= Teaduste Akadeemia Kirjastus, 3). Tallinn 1993.

Ilmjärv, Magnus:	Hääletu alistumine. Eesti, Läti ja Leedu välispoliitilise orientatsiooni kujunemine ja iseseisvuse kaotus. 1920. aastate keskpaigast anneksioonini. Tallinn ⁴2010.
Isberg, Alvin:	Zu den Bedingungen des Befreiers. Kollaboration und Freiheitsstreben in dem von Deutschland besetzten Estland 1941 – 1944 (= Acta Universitatis Stockholmiensis, Studia Baltica Stockholmiensia, 10). Stockholm 1992.
Laar, Mart:	Sinimäed 1944. II maailmasõja lahingud Kirde-Eestis. Tallinn 2008.
Laur, Mati; et al.:	Eesti ajalugu. Tallinn 1995.
Lindpere, Heiki:	Molotov-Ribbentrop pact. Challenging Soviet history. Tallinn 2009.
Lipinsky, Jan:	Das Geheime Zusatzprotokoll zum deutsch-sowjetischen Nichtangriffsvertrag vom 23. August 1939 und seine Entstehungs- und Rezeptionsgeschichte von 1939 bis 1999. Frankfurt/ Main et al. 2004.
Mälksoo, Lauri:	Illegal annexation and state continuity: the case of the incorporation of the Baltic States by the USSR. A study of the Tension between Normativity and Power in International Law. Leiden: 2003.
Misiunas, Romuald; et al.:	The Baltic States. Years of dependence 1940 - 1980. London 1983.
Moll, Martin:	"Führer-Erlasse" 1939 - 1945. Edition sämtlicher überlieferter, nicht im Reichsgesetzblatt abgedruckter, von Hitler während des Zweiten Weltkrieges schriftlich erteilter Direktiven aus den Bereichen Staat, Partei, Wirtschaft, Besatzungspolitik und Militärverwaltung. Stuttgart 1997.
Monthander, Carl:	Rootsi kuninga valge laev. Riskantne mäng rannarootslaste pärast. Tallinn 2011.
Myllyniemi, Seppo:	Die baltische Krise, 1938 – 1941 (= Schriftenreihe der Vierteljahrshefte für Zeitgeschichte, 38). Stuttgart 1979.
Myllyniemi, Seppo:	Die Neuordnung der baltischen Länder, 1941-1944, Helsinki 1973.
Nies, Susanne:	Lettland in der internationalen Politik (= Bonner Beiträge zur Politikwissenschaft, 6). Münster 1995.

Pohl, Dieter:	Die Herrschaft der Wehrmacht. Deutsche Militärbesatzung und einheimische Bevölkerung in der Sowjetunion 1941 – 1944 (= Quellen und Darstellungen zur Zeitgeschichte, 71). Oldenbourg 2008.
Puu, Arvo:	Im Raum Narva 1944…1996. Hg. v. Das Estnische Rote Kreuz; et al. Kohtla Järve 1996.
Rauch, Georg von:	Geschichte der Baltischen Staaten. Stuttgart et al. 1970.
Rönnefarth, Helmut:	Konferenzen und Verträge. Ein Handbuch geschichtlich bedeutsamer Zusammenkünfte uund Vereinbarungen. Freiburg ²1979.
Schmidt, Thomas:	Die Außenpolitik der baltischen Staaten. Im Spannungsfeld zwischen Ost und West. Wiesbaden 2003.
Schumann, Wolfgang; et al.:	Der Zusammenbruch der Defensivstrategie des Hitlerfaschismus an allen Fronten (Januar bis August 1944) (= Deutschland im Zweiten Weltkrieg, 5). Köln 1984.
Schumann, Wolfgang; et al.:	Die Zerschlagung des Hitlerfaschismus und die Befreiung des deutschen Volkes (Juni 1944 bis zum 8. Mai 1945) (= Deutschland im Zweiten Weltkrieg, 6). Köln 1985.
Tuchtenhagen, Ralph:	Geschichte der baltischen Länder (= Beck'sche Reihe C.-H.-Beck Wissen, 2355). München 2005.
Weiss-Wendt, Anton:	Murder without hatred. Estonians and the Holocaust (= Religion, theology, and the Holocaust). Syracuse 2009.
Zetterberg, Seppo; et al.:	Eesti ajalugu. Tallinn 2009.

Aufsätze:

Ahmann, Rolf:	Die baltischen Staaten zwischen Deutschland und der Sowjetunion 1933 - 1939. Neutralität oder Allianz - zwei Wege zu ihrem Untergang. In: Contact or isolation? Soviet Western relations in the interwar period; symposium; October 12 - 14, 1989, University of Stockholm (= Acta Universitatis Stockholmiensis, Studia Baltica Stockholmiensia, 8). Hg. v. J. Hiden. Stockholm 1991, S. 381–403.
Anderson, Edgar:	The Baltic Entente: Phantom or Reality? In: The Baltic States in peace and war, 1917 - 1945. Hg. v. S. Vardys. University Park 1978, S. 126–135.

Ant, Jüri; et al.:	Iseseisvuse likvideerimine. In: Sõja ja rahu vahel. Okupeeritud Eesti julgeolekupoliitiline olukord sõja alguseni. Hg. v. T. Enn; et al. Tallinn 2010, S. 75–186.
Brüggemann, Karsten:	Von der Sezession zur Okkupation: Die Entwicklung der Estnischen Republik und ihre Beziehungen zur Sowjetunion 1920-1940. In: Estland - Partner im Ostseeraum, Bd. 2 (= Travemünder Protokolle, 2). Hg. v. J. Hackmann. Lübeck 1998, S. 57–73.
Champonnois, Suzanne:	The Baltic States as an Aspect of Franco-Soviet Relations 1919 - 1934. A Policy or Several Policies? In: Contact or isolation? Soviet Western relations in the interwar period; symposium; October 12 - 14, 1989, University of Stockholm (= Acta Universitatis Stockholmiensis, Studia Baltica Stockholmiensia, 8). Hg. v. J. Hiden. Stockholm 1991, S. 405–413.
Crowe, David M., JR.:	Great Britain and the Baltic States, 1938-1939. In: The Baltic States in peace and war, 1917 - 1945. Hg. v. S. Vardys. University Park 1978, S. 110–119.
Dallin, Alexander:	The Baltic States between Nazi Germany and Soviet Russia. In: The Baltic States in peace and war, 1917 - 1945. Hg. v. S. Vardys. University Park 1978, S. 97–109.
Frieser, Karl-Heinz:	Das Ausweichen der Heeresgruppe Nord von Leningrad ins Baltikum. In: Die Ostfront 1943/44. Der Krieg im Osten und an den Nebenfronten (= Das Deutsche Reich und der Zweite Weltkrieg, hg. vom Militärgeschichtlichen Forschungsamt, 8). Hg. v. K.-H. Frieser. Stuttgart 2007, S. 277–296.
Frieser, Karl-Heinz:	Die Rückzugskämpfe der Heeresgruppe Nord bis Kurland. In: Die Ostfront 1943/44. Der Krieg im Osten und an den Nebenfronten (= Das Deutsche Reich und der Zweite Weltkrieg, hg. vom Militärgeschichtlichen Forschungsamt, 8). Hg. v. K.-H. Frieser. Stuttgart 2007, S. 622–678.
Hiio, Toomas:	Ein kurzer Überblick über Truppenverbände und Kampfhandlungen 1939-1941. In: Vom Hitler-Stalin-Pakt bis zu Stalins Tod. Estland 1939 - 1953. Hg. v. O. Mertelsmann. Hamburg 2005, S. 67–95.
Hiio, Toomas:	Küüditamine. In: Sõja ja rahu vahel. Okupeeritud Eesti julgeolekupoliitiline olukord sõja alguseni. Hg. v. T. Enn; et al. Tallinn 2010, S. 443–453.

Hinkkanen, Merja-Liisa:	Bridge and Barriers, Pawns and Actors. The Baltic States in East- West Relations in the 1920s. In: Contact or isolation? Soviet Western relations in the interwar period; symposium; October 12 - 14, 1989, University of Stockholm (= Acta Universitatis Stockholmiensis, Studia Baltica Stockholmiensia, 8). Hg. v. J. Hiden. Stockholm 1991, S. 431–442.
Ilmjärv, Magnus:	Eesti välispolitika 1930. aastatel. In: Sõja ja rahu vahel. Eesti julgeolekupoliitika 1940. aastani. Hg. v. T. Enn; et al. Tallinn 2004, S. 51–90.
Ilmjärv, Magnus:	Põhijooni Euroopa suurriikide välispolitikast Kirde-Euroopas 1930. aastate teisel poolel. In: Sõja ja rahu vahel. Eesti julgeolekupoliitika 1940. aastani. Hg. v. T. Enn; et al. Tallinn 2004, S. 5–51.
Kuusik, Argo:	Die deutsche Vernichtungspolitik in Estland 1941-1944. In: Vom Hitler-Stalin-Pakt bis zu Stalins Tod. Estland 1939 - 1953. Hg. v. O. Mertelsmann. Hamburg 2005, S. 130–150.
Laar, Mart:	Jüri Uluots aastal 1944. In: *Looming* 4 (1990), Seite 527-535.
Lindmäe, Herbert:	Professor Jüri Uluotsa poliitiline tegevus Saksa okupatiooni ajal ja selle riigiõiguslik tähendus. In: *Juridica* 2 (2000), S. 113–121.
Made, Vahur:	In Search of Abstract Security: Estonia and the League of Nations. In: Estonian foreign policy at the cross-roads (= Kikimora publications Series B, 26). Hg. v. E. Medijainen; et al. Helsinki 2002, S. 25–42.
Maripuu, Meelis u. a.:	Die deutsche Zivilverwaltung in Estland und die estnische Selbstverwaltung. In: Vom Hitler-Stalin-Pakt bis zu Stalins Tod. Estland 1939 - 1953. Hg. v. O. Mertelsmann. Hamburg 2005, S. 96–129.
Medijainen, Eero:	Võimalused ja valikud. In: *Ajalooline Ajakiri* 1 (2000), S. 5–48.
Medijainen, Eero:	Before and during the Year 1939. In: Estonian foreign policy at the cross-roads (= Kikimora publications Series B, 26). Hg. v. E. Medijainen; et al. Helsinki 2002, S. 93–112.

Meissner, Boris:	Die Großmächte und die baltische Frage vom Ausbruch des deutsch-sowjetischen Krieges bis zur Potsdamer Konferenz. In: Die Sowjetunion, die baltischen Staaten und das Völkerrecht. Hg. v. B. Meissner. Köln 1956, S. 112–132.
Meissner, Boris:	Die baltische Frage in der Weltpolitik (1976). In: Die baltischen Staaten im weltpolitischen und völkerrechtlichen Wandel. Beiträge, 1954-1994 (= Bibliotheca Baltica). Hg. v. B. Meissner. Hamburg 1995, S. 97–118.
Meissner, Boris:	Die Beziehungen zwischen der Sowjetunion und den baltischen Staaten von der deutsch-sowjetischen Interessensabgrenzung aufgrund des Molotow-Ribbentrop-Pakts bis zum sowjetischen Ultimatum (1954). In: Die baltischen Staaten im weltpolitischen und völkerrechtlichen Wandel. Beiträge, 1954-1994 (= Bibliotheca Baltica). Hg. v. B. Meissner. Hamburg 1995, S. 19–52.
Meissner, Boris:	Die kommunistische Machtübernahme in den Baltischen Staaten (1954). In: Die baltischen Staaten im weltpolitischen und völkerrechtlichen Wandel. Beiträge, 1954-1994 (= Bibliotheca Baltica). Hg. v. B. Meissner. Hamburg 1995, S. 53–89.
Mertelsmann, Olaf:	Vom Hitler-Stalin-Pakt bis zu Stalins Tod. Estland 1939-1953. In: Vom Hitler-Stalin-Pakt bis zu Stalins Tod. Estland 1939 - 1953. Hg. v. O. Mertelsmann. Hamburg 2005, S. 31–50.
Nurek, Mieczyslaw:	Great Britain and the Baltic in the last months of peace, March-August 1939. In: The Baltic and the outbreak of the Second World War. Hg. v. J. Hiden. Cambridge 1992, S. 21–49.
Ojalo, Hanno:	Eesti kaitseväest Punaarmee territoriaalkorpuseks. In: Korpusepoisid. Eesti sõjamehed 22. eesti territoriaalkorpuses ja 8. eesti laskurkorpuses Teises maailmasõjas aastatel 1940-45. Hg. v. T. Noormets; et al. Tallinn 2007, S. 9–22.
Paavle, Indrek:	Anneksioon. In: Sõja ja rahu vahel. Okupeeritud Eesti julgeolekupoliitiline olukord sõja alguseni. Hg. v. T. Enn; et al. Tallinn 2010, S. 127–163.
Salo, Urmas:	Estimation of security threats and estonian defence planning in the 1930s. In: *Acta Historica Tallinnensia* 12 (2008), S. 35–74.

Uibopuu, Henn-Jüri: Die Entwicklung des Freistaates Estland. In: Die Baltischen Nationen. Estland - Lettland - Litauen. Hg. v. B. Meissner. Köln ²1991, S. 52–61.

Voslensky, Michael: Der Hitler-Stalin-Pakt: Auf dem Weg zum Kriegsbündnis. In: Der Hitler-Stalin-Pakt. Voraussetzungen, Hintergründe, Auswirkungen. Hg. v. G. Bisovsky. Wien 1990, S. 47–51.

Zeitungsartikel:

Järvelaid, Peeter: Eesti Vabariigi aastapäeval ajalugu uurides ja tulevikku piiludes. In: Pärnu Postimees, vom 23.2.2010.

Dokumentarfilm:

Aarma, Kiru; et al.: Sinimäed (Dokumentation, Produzent: K. Aarma; Regisseur: R. Jõerand). Tallinn 2006.

Weitere Quellen:

Privatarchiv von Herrn Prof. Dr. Järvelaid.

10. Anmerkungen zum Anhang

Anhang 1:   Abkürzungsverzeichnis
Anhang 2:   Verzeichnis der estnischen Städte (estnisch – deutsch)
Anhang 3:   Relevante Teile der Völkerbundsatzung
Anhang 4:   Tabelle der freiwilligen estnischen Mobilisierten
Anhang 5:   Skizze der Narva-Front im Frühjahr 1944 und der Tannenberg-Stellung im Sommer 1944[451]
Anhang 6:   Schulfoto von Jüri Uluots, Johannes Vares-Barbarus und Johannes Semper[452]

---

[451] Puu, Arvo: Im Raum Narva 1944…1996. Hg. v. Das Estnische Rote Kreuz; et al. Kohtla Järve 1996, Seite 9. Im Folgenden zitiert als: Puu: Narva.

[452] Aus dem Privatarchiv von Herrn Prof. Dr. Järvelaid.

11. Anhang

Abkürzungsverzeichnis:

bzw.	-	beziehungsweise
ca.	-	circa
d.h.	-	das heißt
estn.	-	estnisch
et al.	-	und andere (et alii, aliae, alia)
KPdSU	-	Kommunistische Partei der Sowjetunion
NKWD	-	Volkskommissariat des Inneren der UdSSR (Народный комиссариат внутренних дел/ Narodny Komissariat Wnutrennich Del)
NS	-	Nationalsozialismus
NSDAP	-	Nationalsozialistische Deutsche Arbeiterpartei
o.ä.	-	oder ähnliches
OKH	-	Oberkommando des Heeres
OKW	-	Oberkommando der Wehrmacht
RSFSR	-	Russische Sozialistische Föderative Sowjetrepublik
RSHA	-	Reichssicherheitshauptamt
S.	-	Seite
SD	-	Sicherheitsdienst
Sipo	-	Sicherheitspolizei
SS	-	Schutzstaffel
TASS	-	Nachrichtenagentur der UdSSR (Телеграфное агентство Советского Союза/ Telegrafnoje agentstwo Sowjetskowo Sojusa)
UdSSR	-	Union der Sozialistischen Sowjetrepubliken
usw.	-	und so weiter
VABS	-	Verband der Freiheitskämpfer (Vabadussõjalaste Liit)
vgl.	-	vergleiche
ZK	-	Zentralkomitee

Verzeichnis estnischer Städte (estnisch – deutsch):

Aegviidu	-	Charlottenhof
Haapsalu	-	Hapsal
Hiiumaa	-	Dagö
Kehtna	-	Kechtel
Kunda	-	Kunda
Kuusiku	-	Kuusiku
Männiku	-	Männiku
Mereküla	-	Mereküla
Narva	-	Narwa
Paide	-	Weißenstein
Paldiski	-	Baltischport
Pärnu	-	Pernau
Petseri	-	Petschur (in der Zwischenkriegszeit Teil des estn. Staatsgebiets, heute Russland: Печоры / transkribiert: Pečory)
Rakvere	-	Wesenberg
Rapla	-	Rappel
Rohuküla	-	Rohho
Saaremaa	-	Ösel
Tallinn	-	Reval
Tapa	-	Taps
Tartu	-	Dorpat
Vaindloo	-	Steenskär
Valga	-	Walk
Viitna	-	Viitna

Relevante Teile der Völkerbundsatzung:

Völkerbundsatzung Teil I, Artikel 10:

Die Bundesmitglieder verpflichten sich, die Unversehrtheit des Gebiets und die bestehende politische Unabhängigkeit aller Bundesmitglieder zu achten und gegen jeden äußeren Angriff zu wahren. Im Falle eines Angriffs, der Bedrohung mit einem Angriff oder einer Angriffsgefahr nimmt der Rat auf die Mittel zur Durchführung dieser Verpflichtung Bedacht.[453]

Völkerbundsatzung Teil I, Artikel 16:

Schreitet ein Bundesmitglied entgegen den in den Artikeln 12, 13 oder 15 übernommenen Verpflichtungen zum Kriege, so wird es ohne weiteres so angesehen, als hätte es eine Kriegshandlung gegen alle anderen Bundesmitglieder begangen. Diese verpflichten sich, unverzüglich alle Handels- und Finanzbeziehungen zu ihm abzubrechen, ihren Staatsangehörigen jeden Verkehr mit den Staatsangehörigen des vertragsbrüchigen Staates zu untersagen und alle finanziellen, Handels- oder persönlichen Verbindungen zwischen den Staatsangehörigen dieses Staates und jedes anderen Staates, gleichviel ob Bundesmitglied oder nicht, abzuschneiden.

In diesem Falle ist der Rat verpflichtet, den verschiedenen beteiligten Regierungen vorzuschlagen, mit welchen Land-, See- oder Luftstreitkräften jedes Bundesmitglied für seinen Teil zu der bewaffneten Macht beizutragen hat, die den Bundesverpflichtungen Achtung zu verschaffen bestimmt ist.

Die Bundesmitglieder sagen sich außerdem wechselseitige Unterstützung bei Ausführung der auf Grund dieses Artikels zu ergreifenden wirtschaftlichen und finanziellen Maßnahmen zu, um die damit verbundenen Verluste und Nachteile auf das Mindestmaß herabzusetzen. Sie unterstützen sich gleichfalls wechselseitig in dem Widerstand gegen jede Sondermaßnahme, die der vertragsbrüchige Staat gegen eines von ihnen richtet. Sie veranlassen alles Erforderliche, um den Streitkräften eines jeden Bundesmitglieds, das an einem gemeinsamen Vorgehen zur Wahrung der Bundesverpflichtungen teilnimmt, den Durchzug durch ihr Gebiet zu ermöglichen.

Jedes Mitglied, das sich der Verletzung einer aus der Satzung entspringenden Verpflichtung schuldig macht, kann aus dem Bunde ausgeschlossen werden. Die Ausschließung wird durch Abstimmung aller anderen im Rate vertretenen Bundesmitglieder ausgesprochen.[454]

---

[453] Reichsministerium des Inneren (Hg): Reichsgesetzblatt 1919B. Zweites Halbjahr 1919. Berlin 1919, S. 725-727. Im Folgenden zitiert als: Reichsministerium: Reichsgesetzblatt 1919.
[454] Reichsministerium: Reichsgesetzblatt 1919, S. 733-735.

Tabelle der freiwilligen estnischen Mobilisierten:

Übersicht über die Zahl der freiwilligen estnischen Mobilisierten zur Zeit der deutschen Besatzung: [455]

Jahr und Einheit	Zahl der Mobilisierten
1941/1942 (Sicherungs- und Schutzmannschafts-Bataillone)	Sicherungsbataillon: 3.750 (Sicherungsbataillon) + ~ 10.000[456] (Schutzmannschaftsbataillon)
1942/1943 (estnische SS-Legion)	1.280[457]
1943 (estnische Legion und Waffendienst)	5.300 (estnische Legion) + 6.800 (Waffendienst)[458]
1943/1944 (Totale Mobilisierung)	38.000[459]

---

[455] Mit Hilfe der Tabelle soll gezeigt werden, inwieweit sich die Bereitschaft der Esten, den deutschen Einheiten beizutreten, veränderte. Es ist jedoch anzumerken, dass nicht alle Rekruten den Einheiten freiwillig beigetreten sind. In den jeweiligen Fußnoten wird darauf hingewiesen.

[456] So die Angaben bei Gräfe. Vgl. Gräfe: Hakenkreuz, Seite 318 und 321. Zetterberg schreibt von 5.000 Esten in den Sicherungsbataillonen. Vgl. Zetterberg: Eesti ajalugu, Seite 510. Myllyniemi schreibt, dass bis zum Ende der Besatzung etwa 9.000 Esten in den Sicherungsbataillonen gekämpft hätten. Vgl. Myllyniemi: Neuordnung, Seite 228. Misiunas berichtet von etwa 10.000 Esten. Vgl. Misiunas: Baltic States, Seite 55. Jedoch macht nur Gräfe einen Unterschied zwischen Sicherungs- und Schutzmannschaftsbataillon. Auf Grund des neuesten Erscheinungsdatums werden seine Angaben hier berücksichtigt.

[457] Bei den 1.280 Esten handelt es sich um jene, im Frühjahr 1943 zur Ausbildung gesandte Mitglieder der estnischen SS-Legion. Die meisten waren ehemalige Mitglieder des Sicherungsbataillons, deren Vertrag im September 1942 endete. Nachdem die Freiwilligenzahl dennoch sehr gering war, wurden Einheiten der estnischen Sicherheitspolizei zusätzlich als „Freiwillige" entsandt. Aus ihnen entstand das Estnische Freiwilligen-Bataillon Narva. Vgl. Myllyniemi: Neuordnung, Seite 229.; Vgl. Gräfe: Hakenkreuz, Seite 324.

[458] Die Musterung im Jahre 1943 erfolgte unter großem Druck. Auf die Bedingungen der Musterung wird in Kapitel 7.3. genauer eingegangen. Jedoch sei darauf hingewiesen, dass der Beitritt der meisten 1943 nicht (mehr) freiwillig war. Vgl. Gräfe: Hakenkreuz, Seite 325.; Vgl. Myllyniemi: Neuordnung, Seite 233.; Vgl. Isberg: Bedingungen, Seite 90.; Zetterberg: Eesti ajalugu, Seite 511.

[459] Eine Ende 1943 angeordnete Mobilisierung Himmlers schlug fehl, denn nur 3.375 neue Rekruten trafen bei ihren Verbänden ein. Zahlreiche hatten sich der erneuten Mobilisierung entzogen. Erst durch die Radioansprache von Uluots, der bis zum Kriegsende als die Verteidigung der Grenze bis zum Kriegsende als eine Frage von Leben und Tod bezeichnete meldete sich eine große Zahl Freiwilliger. Die erwartete Zahl wurde weit übertroffen. Vgl. auch hier Kapitel 7.3. vgl. Misiunas: Baltic States, Seite 58.; Myllyniemi: Neuordnung, Seite 276.; Zetterberg: Eesti Ajalugu, Seite 518.

Skizze der Narva-Front im Frühjahr 1944 und der Tannenberg-Stellung im Sommer 1944:

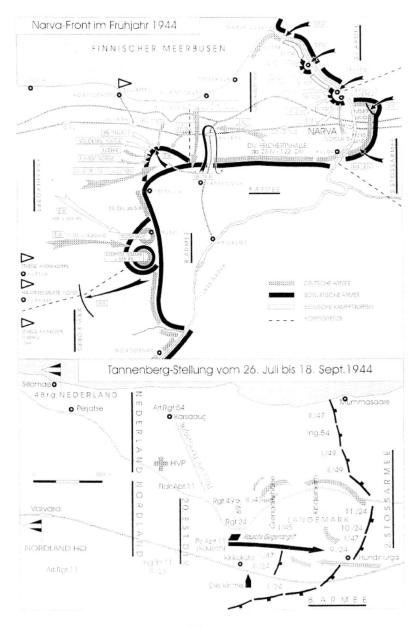

Schulfoto von Jüri Uluots, Johannes Vares-Barbarus und Johannes Semper: